1951—2022
70周年校庆
CHINA UNIVERSITY OF
POLITICAL SCIENCE AND LAW
70th ANNIVERSARY

中国政法大学70周年校庆
文化系列丛书

中国政法大学 70 周年校庆文化系列丛书

编 委 会

主　　　任：胡　明　马怀德

委　　　员：胡　明　马怀德　冯世勇　刚文哲

　　　　　　高浣月　李双辰　时建中　常保国

　　　　　　李秀云　王立艳　刘琳琳

总策划、总主编：李秀云

《政法往事（第二辑）》

本 书 主 编：米　莉　李　叶

本 书 编 辑：齐　欣　焦运佳　孟小迪

中国政法大学70周年校庆文化系列丛书

总主编：李秀云

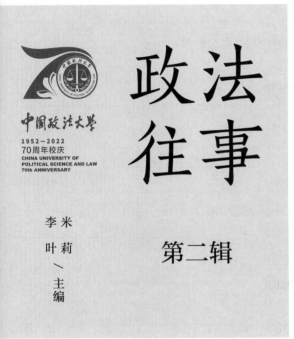

政法往事

第二辑

李米
叶莉
\主编

中国政法大学出版社

2022·北京

图书在版编目（CIP）数据

政法往事. 第二辑/米莉，李叶主编. —北京：中国政法大学出版社，2022.5
ISBN 978-7-5764-0333-6

Ⅰ.①政… Ⅱ.①米… ②李… Ⅲ.①中国政法大学—校史
Ⅳ.①G649.281

中国版本图书馆CIP数据核字(2022)第021169号

书　名	政法往事·第二辑 ZHENGFAWANGSHI　DIERJI
出版者	中国政法大学出版社
地　址	北京市海淀区西土城路 25 号
邮　箱	fadapress@163.com
网　址	http://www.cuplpress.com (网络实名：中国政法大学出版社)
电　话	010-58908289(第三编辑部) 010-58908334(邮购部)
承　印	北京中科印刷有限公司
开　本	650mm×960mm　1/16
印　张	15.75
字　数	235 千字
版　次	2022 年 5 月第 1 版
印　次	2022 年 5 月第 1 次印刷
定　价	65.00 元

序　言

每所大学，都是身处其中的师生的一座精神家园。从 1952 年北京政法学院创办至今，中国政法大学已经走过了 70 年的不平凡历程。70 年来，一代又一代的法大人孜孜不倦地奋斗在中国法治建设的道路上，更有许许多多的先贤前辈为学校的建设和发展做出了杰出贡献。他们，或被尊为学界泰斗，在自己的专业领域深耕钻研，为学科建设和学术发展做出突出贡献；或立足一方讲坛，以生为本孕育满园桃李芬芳，为国家和社会培养一批批骨干人才；或是普通教职员工，几十年如一日坚守本职工作，以实际行动推动学校取得点滴进步。这些老教授、老前辈，他们见证着发生在这小小校园中"光阴的故事"，并将"厚德、明法、格物、致公"的精神薪火接续相传。他们，是法大最宝贵的财富。

2022 年，在中国政法大学迎来 70 周年校庆之际，党委宣传部（教师工作部）将目光聚焦于这一批始终在中国法治建设之路上披荆斩棘、奋勇前行的老一辈法大人，并发起"政法往事"（第二辑）征文活动。和 2019 年出版的第一辑相同的是，法大人再次在书中深情回忆了属于自己的政法往事，描绘了那经过岁月打磨而愈发令人难忘的记忆缩影；然而，与第一辑不同的是，这一次，我们面向广大师生校友征集师生采访志愿者，请他们联络访谈法大离退休老教授、老前辈，以口述或对谈的方式，共同回顾法大悠悠岁月里最难忘的故事，汲取继续前行的精神养料。

在这本书里，宏大叙事并非我们的目标。里面的每一个篇章，或许没有磅礴的气场，没有高亢的基调，然而它们就像一首首悠然的小夜曲，只为在每个夜深人静时，轻柔地向你诉说那从时光隧道中穿梭而来的，每一个有趣动人的故事，每一个难以忘怀的人物，每一段感人至深的情感。

在这之中，江兴国展示了1962年9月2日他第一天到北京政法学院报到时亲笔写下的日记，朱勇记述了"博87001"号法大第一张法学博士学位证书背后的故事，王遂起描绘了20世纪50年代到80年代他在法大从求学到工作的起伏历程，赵东升回忆了他带领法大女足从无到有并取得辉煌战绩的不解情缘，还有何长顺、陈励讲述法大复校的辗转艰辛、昌平建校的拓荒精神，刘邦惠、李国铭见证社会学院、校医院初始建院的蹒跚起步、后续发展的蓬勃壮大，更有林中回忆她与张晋藩先生伉俪六十情愈笃的美好姻缘，时建中怀念恩师徐杰教授和师母严端教授的教化呵护，曾尔恕感慨父亲曾炳钧教授对她一如既往的言传身教。

本书从构思到成稿，前后经历了约一年。从2021年4月正式发布采访志愿者招募通知以来，各地师生校友尤其是教师志愿者服务团的广大教师志愿者们，第一时间积极响应，不辞辛苦、数次采访。老前辈们也满怀热情，提供了诸多宝贵的历史照片、文字记录等材料，甚至一遍遍亲自校稿，严谨负责的态度令人动容。最终通过广泛征集和集中约稿，并在离退休工作处的鼎力相助下，我们按照"忆情""忆人""忆事"三个篇章，精心筛选35篇文章集结成书。在这个过程中，从招募志愿者、匹配采访对象，到联络采访、修订审校，每一步都饱含编纂团队的满满心血，中国政法大学出版社的编辑更是精心策划、细心编辑、耐心校对。希望这本有温度且充满温情的小书能够勾起你我关于法大的点滴回忆，成为工作生活学习中的一份暖心陪伴。

"时光一逝永不回，往事只能回味。"从每个人踏上法大的土地开始，或求学，或工作，军都山下的阳光、小月河畔的雨露就一直滋养着我们。70年沧桑变化，70载岁月征程，时光的年轮在不停歇地走过，玉兰花一年年又吹红新的花蕊，校园里的主角也已经从你我变成了他。然而，若能听见岁月的拨弦，你也许会发现，在法大的时光似乎从未曾远离，这里发生的故事永远留在每一个人的回忆中，并变成所有法大人最为珍贵的共同记忆。它就像漫漫长夜中照亮前行的光亮，像风雨来袭时可以躲避的屋檐，散发隽永的味道，给予温暖的力量。而一代代法大人，也终将接过老一辈的接力棒，继续书写与法大的动人故事和光辉篇章。

李 叶

2021 年 10 月 20 日

于中国政法大学昌平校区

目　录

序　言　　　　　　　　　　　　　　　　　　　　　　001

忆　情

往事如昨，情系法大六十年 ｜ 靳向丽　　　　　　　003

春风化雨润桃李　年近古稀仍从容 ｜ 罗冠男　　　　014

信念筑坚守　情怀行致远 ｜ 王改娇　王子聪　　　　022

在知识产权法的热土上耕耘守望 ｜ 颜晶晶　　　　　031

不道岁月夕阳晚　一世师缘法苑情 ｜ 宋春香　　　　041

军都山下育桃李　蓟门桥畔点春秋 ｜ 申琰琰　　　　047

与犯罪心理学结伴同行 ｜ 刘晓倩　　　　　　　　　053

医者仁心法大情 ｜ 李丽伟　　　　　　　　　　　　061

我的教书生涯：辛苦里有一点甜 ｜ 丁　宁　　　　　066

60 载悉心守护，70 年风雨兼程 ｜ 张欣然　　　　　072

纵光阴远去，每每提及总是暖色 ｜ 蒋勃苏　　　　　080

忆 人

忆与恩师和师母相处的几件小事 ｜ 时建中　089

曾尔恕与法大结缘的四十年 ｜ 胡小进　齐　欣　096

我是党旗上永不褪色的一抹红 ｜ 张　伸　104

从寄人篱下到桃李满天下 ｜ 成亚平　李　青　110

问渠那得清如许　为有源头活水来 ｜ 朱亚峰　119

陈励与法大电信服务中心：第一批昌平建校者 ｜ 李一凡　杨盈龙　126

一个神秘的专业，一个独特的老头

　　　——我的导师张方教授 ｜ 周　玥　132

刘秀华：我与法大的不解情缘 ｜ 张　蕾　137

陈向荣与外国语学院

　　　——教书育人的一生 ｜ 张　磊　143

张锋与行政法学科：芬芳桃李路 ｜ 姜雨欣　149

张建荣与法大：孜孜不倦画大小方圆 ｜ 贾娜琳捷　155

忆 事

良法善治铸法章，严谨治学传校魂 ｜ 屈高翔　李希楠　陈浩楠　163

与法大结缘的十八年 ｜ 宋　超　168

书海耕耘鉴古今 ｜ 韩文生　磨赛珂　173

倾注一生带你领略中俄民法之美

　　——记 90 年代以来法大系统研究俄罗斯民法典

　　　　第一人：鄢一美 ｜ 陆　叶　　　　　　　　179

回顾抗疫谈自信 ｜ 徐长宝　　　　　　　　　　189

不忘初心　牢记使命　永远忠于党 ｜ 张蔼灿　　193

功崇惟志，业广惟勤 ｜ 孟小迪　　　　　　　　197

党的大恩比山高比海深 ｜ 吴昭明　　　　　　　203

教学背后有沉思 ｜ 廖熹晨　　　　　　　　　　209

书写艺术人生，绘就人文法大 ｜ 姚　瑶　　　　213

丹心映日月，情深沃新花 ｜ 张宇飞　　　　　　220

初心如磐　溯本求源 ｜ 张婧祎　　　　　　　　227

卌载刑诉事，一生法大情 ｜ 张晶晶　　　　　　231

忆
情

不道岁月夕阳晚

一世师缘法苑情

纵光阴远去

每每提及总是暖色

往事如昨，情系法大六十年

靳向丽[1]

> 江兴国，中国政法大学法学院教授。北京政法学院1962级政法系本科生，中国政法大学1979级中国法制史硕士研究生，毕业后留校执教中国法制史，曾先后担任中国政法大学法律系党总支副书记兼副主任、校教务处副处长、教务处处长。

江兴国出生于1943年，祖籍安徽安庆，是生在旧中国、长在红旗下的一代，沐浴新社会的阳光雨露，在社会主义只争朝夕的氛围中学习、成长。他从1958年9月1日起开始写日记，一写就坚持了半个多世纪，积淀成厚厚的历史资料。如今，他已经退休18年，却仍时常翻阅这些日记，追忆一同成长的玩伴，共同学习、工作的同学、同事，回味激荡心灵的往日时光。而使他最无法割舍和忘怀的，是中国政法大学。

初心一片报考，投身政法

1950年8月，因时任工程师的父亲调入国家铁道部工作，江兴国举家搬迁至北京。他小学一年级开始在北京读书，初中就读于北京市第四十四中学，因成绩优异被保送升入北京市重点中学之一的北京市第八中

---

〔1〕 现任职于中国政法大学学校办公室档案馆，副教授。

学读高中。1962年高考，他被北京政法学院（中国政法大学的前身）录取。从此，这里成为他事业和工作的起点。江兴国是在9月2日来北京政法学院报到的，他在日记中这样记述：

1962年9月2日　星期日（农历壬寅年八月初四）　晴

早晨8：00提着行李乘19路换16路去政法学院报到，刚下16路汽车，在学院路口就有政法三年级学生"迎新"，领我进去到报到处，同时转了户口关系、粮油供应关系、团关系，还领了校徽。我被分配到四号楼322号宿舍，共七个人，四张床（有三张是双层的，一张是单层的），我就睡在单层床上，床紧靠在门口，把一切办理清楚后，就离校回家。离校时才10：10。到西直门张永祥家找他，把我校内通信地址告诉他。又去西单，买了本胡乔木的《中国共产党的三十年》（旧书，0.14元），这本书原有者也是政法学院政法系的（上届），学校公布了一份参考书表，希望同学自行购买。

……

由于今天才把行李搬去，环境还很不熟悉，新同学又还不认得，所以今晚有必要回去睡，虽已晚9：00多，还是决定回去，到校晚10：10了。

▲1962年9月2日日记

回忆当年入校的情景，江兴国依然印象清晰："当年的北京政法学院校园建有苏联风格的教学楼，还有四栋宿舍楼，其中，1、3、4号楼是男生宿舍，2号楼是女生宿舍。现今4号楼已拆除，1、2、3号楼于

2019年入选'中国20世纪建筑遗产'名录。那会儿还有400米跑道的田径场，标准足球场、篮球场，并建有'小滇池'、假山和果树林，以及1965年夏天同学们参与建设'挖'出来的游泳池。学校虽然小巧但布局合理，校园环境在北京市高校也属上乘。当时全校师生员工1700人，教职工100多人，不到200人，并不显拥挤。"

江兴国所在政法系学制五年，三年级时学校宣布改回四年制。因种种特殊情况，当年延迟了一年毕业，后又被要求暂缓报到、在学校等候报到一年，所以直到1968年8月他才离京赴广西工作。这样，前前后后，他实际在北京政法学院整整学习并生活了六年。

▲1966年5月16日于郑州市中级人民法院毕业实习合影

响应祖国号召，服务基层

按照今天的语境，一位北京籍的学生，奔赴偏远、相对落后的广西工作，是令人难以理解的！江兴国这一代人，是在党的教育下成长的一代。服从组织分配，到农村去，到基层去，到祖国最需要的地方去，是每个人的基本信念，是当年大学生走向社会的义不容辞的使命。

江兴国在广西桂林地区永福县寿城人民法庭工作，初任书记员。基层法庭只有庭长和书记员两人，庭长是土改的老干部，没学过法律，又经常被县里抽调做其他任务，江兴国是全县唯一的政法学院科班毕业大学生，被当成宝贝，长期独立办案，在基层法庭工作十一年，办案审案，双脚走过广西的群山峻岭，办理过涉及山林、水利、土地纠纷及夫妻离婚等各类民事案件，通过裁断争议、耐心调解，息讼止争，保护群众的民事权利，维护社会的稳定与秩序。提起当年的基层司法工作，江兴国感慨道，"做好政法工作的核心是服从党的领导，时刻注意培养自己的无产阶级感情，学会群众路线工作方法，按党的政策办事。"正是在基层司法实践的过程中，他加深了对中国社会的认识，丰富了人生阅历，也提高了工作能力。

▲1982年，学校恢复招生后第一届（79级）法制史研究生毕业班毕业合影。

前排左起：许显侯、潘华仿、曹海波、曾炳钧、刘保藩、薛梅卿；

后排左起：郭成伟、江兴国、郑治发、沈国锋、陈丽君、曾尔恕。

考研顺利归队，重返母校

广西永福县的工作与生活环境是艰苦的，工作之余，江兴国时常思念起大学时光，思念北京政法学院的校园，想念那些尊敬师长、意气风发的同学。他渴望再次走入校园升华自己的知识，更渴望用先进的法学理论把自己从基层实践中积累的经验加以梳理、总结，为国家法治建设多贡献一分力量。

对母校与日俱增的怀念之情，使他与母校的师友一直保持着书信联系。给予江兴国直接帮助的是学校党史教研室的何长顺老师。何老师是北京政法学院1960届毕业生，江兴国与他一直有书信往来。1977年恢复高考、1978年恢复研究生招生的政策出台后，江兴国一直关注北京政法学院复办的信息，经常给何老师写信询问学校复办的情况。终于，在1979年3月17日，江兴国收到何老师的信，附有母校招收研究生的《招生简章》，何老师只在招生简章上写了四个字："供你参考"。

几经踌躇，江兴国选择报考法制史专业中国法制史研究方向研究生，此时，他离开学校已逾十年，复习资料十分欠缺，好在当年学校发的《中国国家与法的历史》（曾炳钧主编）教材始终未丢，最后成为江兴国备考的宝贵资料。

江兴国通过永福县教育局报名，学校收到报名信息后邮寄考卷到永福县教育局，他于1979年6月1日参加考试，并在同年8月底收到母校的研究生录取通知书。此时此刻，江兴国激动和喜悦的心情难以自抑，吟诗道：

> 妖娆南疆水未寒，
> 峥嵘北国佳音传，
> 寒霜再染香山叶，
> 我乘金风凯歌还！

这一年，他已经三十六岁，他的儿子也已经一岁了！

▲2021年6月17日接受采访，左为江兴国老师，右为孙如虹老师

失去光阴重夺，振兴、振兴！

重返母校，百废待兴。北京政法学院复办后的第一次招生，学校共招收了大学本科生404人，研究生35人。本科生年纪最小的15岁，最大的27岁；研究生年纪最小的23岁，最大的38岁。这也是北京政法学院首次较大规模地招收研究生，横跨哲学、经济学、法学三个一级学科。其中法制史专业招收4名研究生，江兴国和郭成伟主攻中国法制史方向，陈丽君与曾尔恕主攻外国法制史方向。

虽然条件有限，但这丝毫难不倒江兴国和他的研究生同学们，他们大多数经历过基层的磨砺，已经习惯了艰难困苦的环境，他们要做的，就是拼命学习，把失去的光阴夺回来，用自己的行动，振兴中国的民主与法制事业，振兴学校！"振兴"，是最大的关键词。

当时学校对复办后的研究生教育非常重视，配备了最强的师资力量。法制史学成立由曾炳钧教授总负责的七人导师组，曾炳钧教授是1952年北京政法学院建校初期"四大教授"之一（另外三个教授是吴恩裕、严景耀和戴克光），其余成员包括教外国法制史的潘华仿和许显侯老师，教中国法制史的刘保藩、薛梅卿、沈国锋、郑治发老师。1979年，曾炳钧教授已经75岁高龄，仍不顾年老体弱，积极参加教学活动，认真听取学生的学习心得，并给予耐心指导。担任讲授各门专业课的有程筱鹤、赵振宗、夏吉生、张浩、甘绩华、杨伯攸、杨鹤皋、林中、凌力学、杨荣、陈延顺、徐飞、欧阳本先、涂继武、卢一鹏、高潮、赵中乾、宁致远、白玉荣、张尧、蔡秀珍等一批优秀老师。

诸位老师为讲好课都做了详尽的准备，积极提出问题启发大家的思考。学生也带着在司法实践中遇到的问题，结合理论予以阐述。课堂教学之外，老师带领同学参加各种学术会议，并与人民大学、北京大学、中国社会科学院法学研究所等许多造诣颇深的老师及他们的研究生交流，与来访的日本学者交谈并扩大视野。学校还破格允许研究生与老师们进入图书馆查阅资料。这个时期，江兴国大部分课余时间都是在图书馆度过的。

▲1997 年 5 月 10 日中国法制史教学研讨会

前辈精心栽培，孜孜教诲

江兴国难忘法大前辈大师们指导其完成毕业论文的过程，由此也可以充分感受到这些法学大师对晚辈教诲之严格，关怀之切切！

薛梅卿老师协助曾炳钧教授指导江兴国的毕业论文写作。江兴国的毕业论文曾选题试论"《唐律疏议》中的法学原则"或"《临时约法》的历史地位"，老师们审议后劝江兴国说前一题论述太广泛，容易落空；后一题写的人较多，不易出色。江兴国遂后选定论述"上海公共租界会审公廨制度"。薛梅卿老师从上海复旦大学叶孝信老师处，得知关于上海公共租界会审公廨的原始资料存放于上海市高级人民法院，特批准江兴国赴沪查阅史料，为此，从教务处不多的教学经费中申请调研经费400元，这在当时是一笔不小的费用。江兴国对这笔费用不敢乱用，在上海三个月，只花掉265元，余下135元交回教务处。

在上海市高级人民法院查阅资料期间，法院为保护珍贵的原始资料，只允许看、不许复印，江兴国只好老老实实地抄录。抄录期间写信给曾炳钧教授与薛梅卿老师汇报抄录情况，二人均及时回信，详细指导如何利用好资料。

回到北京后，江兴国数易其稿，最后定文《上海公共租界会审公廨论》。曾炳钧教授几次审阅论文稿件，提出重要指导意见，薛梅卿老师更是亲自批阅论文，给予具体的指导。刘保藩老师、郑治发老师、沈国锋老师都审阅了论文稿件，提出具体意见。薛梅卿老师又带江兴国拜访了当时在人民大学工作的张晋藩老师，请张老师过目尚不成熟的论文，张晋藩老师审阅后肯定了论文，并提出宝贵的意见。在悉心听取诸位老师的意见后，最终江兴国顺利通过论文答辩，获得硕士学位，成为北京政法学院复办后第一批法学硕士之一。

薪火接棒相传，贡献母校

三年研究生学习，江兴国深切感受到这些学养深厚、融贯中西的前辈大师们崇高的人格魅力，他们不但耳提面命、言传身教，传授法学知识，拓宽江兴国的法学视野，同时也帮他塑造踏实、严谨的治学方法，更使他认识到，担起薪火相传的责任，向后人传授法治精神和法学知识，是自己余生的光荣使命，所以，尽管当年北京政法学院条件艰苦，江兴国仍然积极响应学校招考研究生以充实教师队伍的初心，和其他几位同学一道，毅然舍弃仕途道路，从事法学教育工作，并在学校兢兢业业工作二十年，为母校的教育事业贡献了自己的力量。

▲2000 年 6 月江兴国讲授中国法制史

留校工作前十年，江兴国在法制史教研室工作，先后给本科生、研究生讲授中国法制史、近现代法制史、中国监狱史、古代检察和台湾司法制度（讲座），与新老政法人一道，撑起了一片具有法大特色的学术天空。自 1991 年起，转从教学管理工作，先后担任校教务处副处长、处长，先后推动《教材管理、供应工作暂行办法》《先进教研室评选办法》《优秀教师评选办法》《优秀教学成果评审管理办法》《优秀教研室主任评选办法》等多项创新制度，并大力推进本科教学管理体制改革，积极选拔优秀青年骨干教师及青年学科带头人，为 2002 年《学分制管理条例》的发布实施做出贡献。曾多次因本科专业增加或变动而修改教学计划，以适应教学需要。参加北京市受国家教委委托制定的历时数年的重大科研项目"《高等学校教学管理要点》研究与实践"，并获得国家级教学成果奖二等奖。

作为承前启后、继往开来的一代，江兴国淡泊名利，以其辛勤的付出，为中国政法大学 2005 年被国家认定为"211 工程"重点建设高校做出大量开拓性、基础性的工作。

抚今追昔，作为亲历者和见证者，耄耋之年的江兴国感慨地说："中国政法大学成立即将 70 周年，我到学校也 60 年了。自 1962 年入学，至 2003 年退休，除在广西工作 11 年外，一辈子基本上都在学校度过。我热爱这个学校，也为学校的健康发展由衷地高兴，中国政法大学寄托了我们毕生的心血，祝愿中国政法大学越办越好，也希望将教师教书育人、学生勤于实践的法大传统继续发扬光大！"

后记：

对江兴国老师的采访，约在他学院路 18 号楼家里。家中宽敞明亮，站在阳台窗前可以俯瞰学院路整个校园。阳台辟出一方小天地，江老师的爱人孙如虹老师种植了一圃花草绿植，江老师疲劳时可在此养心自怡。

都说人老了会有两件宝：老伴和回忆！果然如是！

孙如虹老师是绍兴人，江南女子的温婉糅合北方女子的爽利，令人亲近。江老师和孙老师都很喜欢笑，一个来自北京，一个来自绍兴，20 世纪 60 年代后期，机缘巧合相遇在广西永福小山村，就此结缘相伴至今。江老师返校任教后，孙老师在学校法学教研室资料室工作。

"我的服务对象不只是江老师"，孙老师笑着对我说。她清晰地记得 20 世纪 80 年代老师们来上课前很喜欢齐聚资料室，查阅最新资料，就法学观点争论商榷。"讨论很热烈，有的时候甚至很激烈，用今天的眼光看，都是法大的泰斗级、大师级学者!"她再次笑着说。

江老师在轻松愉快的气氛中回忆述说历史，逻辑清晰缜密，涉及具体时间、准确事件名称。支撑他完整、准确回忆的，是他的日记，这是他自 1958 年 9 月 1 日起未曾中断过的每日笔耕的记录。

人的记忆有时相当不准确，记忆在回忆中会生长会生成，会张冠李戴会无中生有，而记录下的文字却不会模糊，虽然日记难免有个人的好恶，但却是相对准确的历史记载。

日记，是江老师回忆的秘籍!这一古老的记叙习惯，应该传承。

近闻，出版社即将出版江老师的大学日记和研究生日记，这是很有意义的一件事。

春风化雨润桃李　年近古稀仍从容

罗冠男[1]

朱勇，法学教授，博士生导师。1985 年就读于中国政法大学，法制史专业博士生。1987 年留校任教。在法大求学、工作至今近四十年，先后任法律系主任、副校长兼研究生院院长、法律史学研究院院长。

朱勇教授从到法大求学到留校工作，迄今已经在法大度过了近四十年。在人才培养上，他已经培养了七十多位法律史专业的博士生，催开桃李遍天下；在行政管理上，他在任校领导期间，把对法大的深厚情感融入每一天的工作，把法治情怀寄托于校园中的一草一木；在学科建设上，作为法律史学科的学术带头人，他持续产出高水平的学术成果，为中共中央政治局讲授"我国历史上的法治和德治"。

"博87001"号

朱勇是中国政法大学的第一位博士，也是新中国第一位法制史博士。1984 年夏天，他从安徽来到北京，参加中国政法大学中国法制史专业的博士生入学考试。谈及对法大的第一印象，他说整体印象那就是"小"。虽然校园不大，建筑设施比较陈旧，但是校园里却是大师云集。朱勇提到，"在校园里，不经意间就能见到学术成果丰硕、为学界青年

---

[1]　现任职于中国政法大学法律史学研究院。

后生所高山仰止的著名学者，或者在国家政治法律活动中享有盛名的社会活动家。"而校园之外便是小月河、元土城遗址以及燕京八景之一的"蓟门烟树"。直到今天，他还经常去小月河畔散步。

朱勇于1985年2月入学攻读博士学位，初入法大的情景还历历在目。对于法大的校风，他有这样的感受："我感觉，法大校园充满着'规则'的意蕴与氛围。无论是法科课堂，还是其他学科的课堂，老师既讲授'规则'的内容与形式，更引导学生对'规则'的尊重与敬畏。在法大与他人交流，无论是学生、老师还是管理人员，都能感受到大家对'规则'的重视与坚守。正是在这种环境之中，我感觉自己也逐渐形成关于'规则'的知识以及信奉'规则'的理念。"

▲朱勇攻读博士学位期间在张晋藩先生指导下学习

朱勇入学以后师从法律史学的学术泰斗张晋藩先生。对于导师张晋藩教授的言传身教，朱勇受益匪浅。"我校第一届法制史专业博士生，共招收3名，包括郑秦师兄、怀效锋师兄，以及我。专业课由先生亲自讲授，他对我们的学习要求很严格，开列了必读书目，布置了研究任务。当时先生担任副校长并兼研究生院院长，事务繁忙，他只能利用午休时间，给我们讲课、与我们交流并检查学习任务完成情况。我们向先生提出，中午可直接来我们在3号楼的宿舍，我们用电热杯为先生煮一碗面条，有时还在里面打一个鸡蛋，边吃面条，边谈学术。这样，既方便，也能节省时间，直到学校禁用电热器具才停止。"想到曾经师生围坐，一边煮面条一边谈学术的其乐融融的场面，朱勇的嘴角扬起了笑意。

由于是第一届博士生，学校与研究生院还没有形成确定的公共课教学方案。三位新生三个语种（郑秦教授学俄语、怀效峰教授学日语、朱勇教授学英语），研究生院决定不给他们单独开设外语公共课，由他们在外参加培训班，取得结业证即可算作外语公共课成绩，费用由研究生院报销。朱勇对此感到非常高兴："因为不仅不用在校上课了，而且还可以到外地跑一圈。"后来，他在暑期参加了长春的一个英语培训班，住在宾馆里，听外教上课，他说："这是我第一次北上出关，第一次住高档宾馆。"这样的"待遇"，也只有第一届博士生享受过，后来博士生的教学活动规范化，就再也没有这样的"待遇"了。

1987 年 5 月 27 日，朱勇通过了博士学位论文答辩。因为是法大第一次举行博士学位论文答辩，学校安排了阵容强大的答辩委员会，当时的校领导都亲自到场参加。朱勇第一个进行答辩。作为新中国第一批法学博士顺利毕业，国内包括《人民日报》《光明日报》《中国青年报》以及中央人民广播电台等媒体都对此进行了专门报道。他的博士学位证书上的编号是"博 87001"，意味着他是法大培养出来的第一位法学博士，也是新中国法学博士教育起步的亲历者和见证者。

▲1987 年中国政法大学博士学位论文答辩委员会

▲1987 年朱勇参加博士学位论文答辩

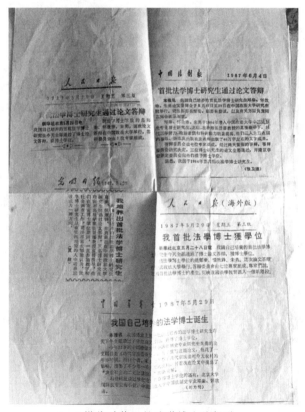

▲媒体对第一批法学博士的报道

▲朱勇博士学位证书

开创培养"应用型法学博士"

朱勇从 1987 年博士毕业便开始留校工作,讲授"中国法制史"课程,后来担任法律系主任。2001 年 9 月开始担任副校长兼任研究生院院长,主管研究生工作和国际交流。在担任副校长期间,他牵头开始了一种新的博士研究生——"应用型法学博士"的培养。

朱勇提到,"应用型法学博士"培养工作的开展,有一定的偶然性。2011 年 3 月,当时朱勇兼任第三届全国法律专业学位研究生教育指导委员会副主任委员,在一次国务院学位办召集的会议上,他代表委员会提出加快法律方面的高层次专业学位教育、设置"法律博士"专业学位的设想,得到了时任国务院学位办主任张尧学同志的高度肯定,要求学校拿出具体方案,以便尽快通过并实施。

回到学校,朱勇考虑,要让法大保持"法律博士"培养方面在全国范围内的领先地位。他的设想是,在"法律博士"专业学位正式招生之前,从现有的法学博士招生中拿出少量指标,与司法实务部门合作,以"法律博士"专业学位为教学目标进行合作培养。在正式取得"法律博士"专业学位点时,再将这批提前培养的学生转入"法律博士",那么法大在"法律博士"的培养上,就在全国范围内领先一步。

他的这一想法，得到了当时石亚军书记、黄进校长的认可与支持，并确定使用"应用型法学博士"名称，作为从"法学博士"到"法律博士"的过渡。在 2012 年 1 月和 2013 年 9 月，朱勇代表法大分别与最高人民检察院政治部和最高人民法院政治部正式签署了培养"应用型法学博士"合作协议。而"应用型法学博士"的实际招收、培养工作，即于 2011 年开始进行。关于"应用型法学博士"，原本的设想是作为向"法律博士"的过渡，但由于各种原因，"法律博士"专业学位点一直没有设立。不过经过实践，法大与最高人民法院、最高人民检察院合作培养的"应用型法学博士"项目，既符合高等学校在人才培养方面的发展目标与方向，也适应了司法实务部门对于高层次应用型人才的迫切需求，因而取得了非常好的社会效果。这一项目，作为法大人才培养的一个特色项目，保持至今。

从"甘棠听讼"到"甘棠八树"

在海淀校区综合科研楼西侧，有 8 棵甘棠树。甘棠树，又称"棠梨树"，虽然其貌不扬，却蕴含着传统法文化中的法治精神。

2013 年是法大研究生院成立 30 周年，学校筹划了一系列庆祝活动，包括出版学位论文集、置放泰山石、设立"中华法学硕博英才奖"等。朱勇教授说："我考虑，还可从弘扬中华优秀传统法文化角度，做一点事。"他联想到张晋藩先生曾多次讲到，中华法文化优秀传统之一就是"以民为本"，先生还提及"甘棠听讼"的典故，即在西周时期，召公巡行地方，处理政务及诉讼，为了不打扰民众，就在一棵棠梨树下听政断案，为民众所拥戴。先生特别强调，这是"以民为本"原则在中华文明早期法律实践中的重要体现。基于此，朱勇提出，"作为研究生院建院 30 周年的庆祝活动之一，在校园内栽一些棠梨树，既彰显西周召公'甘棠听讼'的优良传统，也展示法律史作为法大优势学科的特色。"这一想法得到了校领导和研究生院同事的大力支持，于是采买并栽种了一些棠梨树，这就是这 8 棵棠梨树的由来。直到今天，他每次路过科研楼西侧，看到这"甘棠八树"，都会想起《诗经》中的"甘棠诗"："蔽芾甘棠，勿翦勿伐，召伯所茇；蔽芾甘棠，勿翦勿败，召伯所憩；蔽芾甘棠，勿翦勿拜，召伯所说。"同时也想到张晋藩先生对于中华优秀法律文化的向往、推崇与弘扬。校园虽小，"甘棠八树"却承载着传统法律文化中"以民为本"的精神，体现着法大人的法治理想。

心系法大，情系法学

在朱勇看来，70 年的人才培养实践，形成了法大在法学人才培养方面的独到风格与自身特色，那就是法治理念与法治能力的双重培养，既注重法治理念的培育与养成，也注重法治能力的训练与提升。

朱勇认为，一名优秀的法律人才，首先需要具有高远的法治理想、坚定的法治理念。而法治理想、法治理念的形成，需要有对国家、社会、个体的性质及相互关系的关注与理解，需要有对人性、伦理、道德的同情与关怀。另外，一名优秀的法律人才，还需要具备与法治相关的实践能力。法律的价值在于实施，在于实现对社会关系的调整与规制。如何以严肃严谨、言简意赅的法律条款，规范纷繁复杂的大千世界与灵活多变的社会行为；如何在案件处理过程中，既坚持严格依据法律规定的法治原则，也力图实现具体个案中的公平正义，所有这些，都需要法律工作者良好的职业能力、实践能力。

提到法大的办学理念和法大的莘莘学子，朱勇心中的自豪溢于言表，他深切表示："法大从五六十年代建立及初期发展，到八十年代复建，在法学人才培养方面，始终坚持法治理念培育与法治能力提升两大环节。从课程设置到教材选用，从课堂教学到实习实践，从基础理论到法律实务，都紧紧围绕着这两大目标。社会各界，包括高校、研究机构等学术单位，包括立法、司法、行政机关以及企事业单位，对法大毕业生最多的评价是：理论水平高，实践能力强。"

在他看来，培育法治理念，提升法治能力，既是法大在 70 年法治人才培养过程中所形成的法大风格、法大特色，也是国家与社会对法大法治人才培养的期许与需求。而法大的毕业生在法学教育界和实务界，都尽职履责，发挥着重要的作用，为国家法治建设做出贡献，同时实现个人的事业追求。在提到对法大法律史学科的期望时，他希望能够延续张晋藩先生开创的法律史学科格局，保持法大法律史学科在全国范围的领先地位，弘扬传统法律文化，为当代法治建设提供宝贵的文化资源与历史镜鉴。

后记：

"春风化雨润桃李，年近古稀仍从容"，朱勇老师从 1997 年开始招收第一届博士生，迄今已经招收并培养了 70 多名法律史专业博士生。现年届古稀，桃李满天下，却依然谦和朴实、淡定从容，至今仍笔耕不辍，坚守在中国法律史学的学术阵地上，是值得我们青年学人追随和学习的榜样。

信念筑坚守　情怀行致远

王改娇[1]　王子聪[2]

> 王遂起，法学教授，1958年就读于北京政法学院，1962年入职北京政法学院业务教研室，先后担任学院业务教研室教师、教务处处长、经济法系主任等职。

很早就听说，王遂起老师是政法的老人，从读书到工作前后四十余年，也是大家公认的"院里的好人"，凡与之有过交往的人莫不赞叹。他还是北京政法学院停办撤销、迁至安徽办五七干校以及复办阶段的亲历者。前几年笔者编纂过一本校史小书，由于留存的资料有限，对于那段历史总有点雾里看花，便琢磨着有机会专程拜访王老师。

一个夏日的清晨，我们如约来到王老师的寓所。王遂起老师是中国政法大学法学教授，1936年生于河南省南阳市邓县。1956年7月以高中生身份加入中国共产党，这在当时是不多见的。1958年王遂起考入北京政法学院，1962年毕业并留校工作。此后三十多年的教学生涯中，他先后担任过学院业务教研室教师、教务处处长、经济法系主任等职，为学校法学教育的改革和发展做出了重要贡献。夫人张蔼灿，与王老师是大学同窗，也在政法大学工作了一辈子。二老虽已过耄耋之年，却精神矍铄，思维清晰，谈锋甚健。

---

[1]　中国政法大学档案馆研究馆员。
[2]　中国政法大学档案馆职员。

有苦有甜的 50 年代

1958 年 8 月 18 日，王遂起接到北京政法学院高考录取通知书，学校要求新生 9 月 3 日至 5 日报到，王遂起 9 月 3 日准时抵校，这是他一贯的行事作风，认真、严谨、从容、有序。从河南的小县城来到首都北京，政法校园并无他想象中的小桥流水、楼台亭阁和曲径通幽……反倒呈现出一派热闹的"生产"景象。校门内，耸立着数十米高的大烟囱，旁边是个大煤堆，此情此景令他有些恍惚自己莫不是进了哪个"工厂"？后来他才知道这是当时为供暖烧锅炉用的。

入学后，校园的环境在师生们的建设下变得越来越好。王遂起老师回忆道，"四年后，也就是我毕业时看到的校园则完全是另一番景象：道路平坦，院内有两个果园，一个花房。更令人惬意的是，校园里还多了一个不小的池塘，三季有水，中间有座小山，上有凉亭花草，周边整齐的杨柳形成了一道风景线。池塘名曰'小滇池'。"对于"小滇池"冠名的由来，王遂起记忆犹新："1959 年，昆明军区有一个体育代表团来京参加比赛，住在北京政法学院，当时学校正在修建池塘，代表团便同师生一起劳动。为纪念军民共建的情谊，小池塘便被命名为'小滇池'。"

入学以后，为了贯彻"教育必须为无产阶级政治服务，必须同生产劳动相结合"的方针，王遂起跟同学们一起到海淀区东升人民公社大钟寺大队，与社员们"同吃同住同劳动"。一个月后，返校试种小麦。由于缺乏经验，下种太多，出土后的麦苗过于密集，出现了倒伏现象。手忙脚乱的同学们，便用剪子将下面的枝叶全部剪掉，再拉上绳子将麦苗分笼，甚至还采用人工吹风、夜间照明的方式"促其生长"。折腾好几个月，麦苗非但不长反而枯死。大学一年级就在兴奋与失望中悄然而过。

升入二年级后，学校的教学秩序逐步趋于正常。王遂起是法学专业，主要学习政治理论课（包括马列主义哲学、政治经济学、党史等）、法学理论课、法律专业课、公安业务课、语文课、外语课（选修主要是俄语）、体育课等。政法学院的教师队伍的整体教学水平很高，在王遂起的记忆里，"授课老师一般分为三种类型，一是实践经验丰富，做教师前有公检法工作经历，他们的授课特点是实践性强。二是受过正规的高等教育，长期在高校从事教学工作，他们熟悉教学，了解学生，授课理论性强，讲课有深度。此外，还有不少年轻老师，刚刚大学毕业就进入政法学院工作，他们思想活跃，能讲授许多新的法学观点，容易和学生打成一片。"其中，令王遂起印象深刻的有当时学院的副书记徐敬之，他讲授的马列主义理论课，观点明确，理论联系实际，不回避社会矛盾，语言生动有趣；还有从北大来的程筱鹤老师，个子不高，瘦瘦的，他讲授法理学，既不带讲稿，也不看黑板，声音洪亮，站着一口气可以讲 50 分钟。

除了有趣的课堂教学，大学时代令人难忘的还有丰富多彩的课外文体活动。学校每周都有电影放映，票价低至 5 分钱。周末有舞会，还有男女篮球队、排球队、文艺队、歌唱团等，可谓"赛事不断"，甚至还有一支摩托车队，为学校和社会培养了不少优秀的骑手。但王遂起还是对写作情有独钟，他以家乡南阳西岭山峡谷里的梅溪河为背景，撰写了一篇短篇小说——《静静的梅溪河》，发表在学生会主办的刊物——《红流》上。言至此，王遂起还饶有兴致地展示了自己珍藏的样刊，刊物页面已残缺不全，封皮暗红与灰白相间，订口和翻页多有卷边，处处都是岁月斑驳的痕迹。封面有王遂起的中文和俄文名字，手写体，落款时间为 1959 年 6 月 4 日。我们小心翼翼地翻阅着泛黄的纸页，那些意气风发的青春岁月仿佛触手可及。

▲1959 年学生刊物《红流》以及作品首页

自力更生的 60 年代

王遂起就读期间，正值我国遭遇大面积自然灾害，吃饭遇到了困难，王遂起回忆道，原来食堂不限量，随便吃，1960 年开始粮食定量，男生每月 30 斤，女生 29 斤，有的自愿减成 28 斤，"大肚汉"的学生一般吃不饱，有的女生就把自己的那一份分给"大肚汉"同学。世事艰难，同窗情深。个别老师在院里种菜，住在花园路宿舍的老师还有在楼上养鸡的。因此，徐敬之老师编了顺口溜："住高楼，喝稀粥，楼上噗噜噜飞出老母鸡。"听得学生们哄堂大笑。身为一班之长，王遂起积极配合 1958 级二班学生党支部，坚持实事求是的工作作风，团结全班同学，互助互爱，共渡难关，出色地完成了四年的学习任务，所有同学顺利毕业，愉快地走上工作岗位。大学四年中，王遂起树立了"一心为党、一心为国"的价值观与世界观。

1962 年临近毕业，学院副书记徐敬之进行毕业分配动员，他鼓励同学们："北京政法学院是野战军，全国各地哪里需要哪里去！"班里同学纷纷表示，要到祖国最需要的地方去，王遂起和多名同学积极报名到新疆"支边"。几番审核，最后批准了6名，而王遂起遗憾未被选中，只得留校任教。"支边"的同学们来信说，他们刚到新疆，生活条件异常艰苦。没有房子住，只能住地窝子；没有水喝，饮用水里常能看到牛毛和杂物……但他们没有退缩，没有逃避，而是将自己的一腔热血全部奉献给了边疆的政法工作。

想到这里，王遂起动容地说，"如今，已有几名同学长眠于新疆，化为祖国边防永远的守护神！班里的女同学也很出色。其中一位叫赵改凤的同学，抗日战争时便已从军，在校学习的4年中她巾帼不让须眉，参加劳动常常赛过男同学。毕业后扎根基层法院几十年，《人民法院报》先后三次在头版报道她的先进事迹。2015年9月3日，赵改凤还应邀在天安门观礼台参加了纪念中国人民抗日战争胜利70周年阅兵式。另一位叫赵亚平的同学，13岁参军，在战火纷飞的年代，曾冒着敌机轰炸和枪林弹雨在火线上抢救和护理伤员。这些同学是我们学校永远的骄傲与自豪！"

艰苦奋斗的70年代

1970年秋，校园里传出消息，北京政法学院可能要撤销并搬到安徽办五七干校。王遂起忆起当时的情景，教工们对于去安徽办五七干校，并没有明显的抵触情绪，也许有点茫然，但教师里共产党员居多，大家认为应该听党的话，跟党走，服从分配，即便是非党员也无二话。但对于撤销北京政法学院，王遂起还是有些难受的，毕竟学校是安身立命之所在，从上学到工作在这里已然度过十多个春秋，最美好的青春年华都留在了这个不大的校园里，心中有太多的不舍与留恋。但身为党员，就要拥护党的决定，思想问题只能自己解决，人都是党的，何况其他呢？

为了搬迁，学校要求老师们尽快做好迁校准备。王遂起跟其他教职工一样，住房、床铺、桌椅、橱柜全是学校的，真正的私人物件也就几件衣服、十多本书和儿子仅有的两个小玩具。当时，学校发给每人一个木箱、一个麻袋、一条草绳。后因时间紧迫，只给木板、钉子，自己回家组装。1971年春节刚刚过，大部队就要出发了。虽然早有思想准备，但离别时分，失意、惆怅、伤感瞬间涌上心头，校园里弥漫着离愁别绪，有位老师在开车之前的几分钟，还自言自语道，"我想回去再看孩子们一眼！"

▲1971年2月，赴安徽五七干校之前，王遂起一家在校园内合影留念

　　带着对母校的依依不舍，王遂起与同行的老师们踏上了南下的征途。绿皮火车咣当咣当，不知经过多少小时的跋涉，终于来到了淮北大地。他望着窗外，铁路两旁树木稀少，村落房屋破败不堪。一望无际的大地上，片片残雪覆盖着田野，满目荒凉。一行人在宿州车站下车，转乘汽车抵达60里开外的濉溪县五铺农场。

　　当时五七干校依部队编制管理。领导机关是"宣传队指挥部"，住在五铺，下设三个连。王遂起被分配在三连二排，驻扎地方叫南岭，为农场的一个耕作点，距五铺约四华里。到干校初期，吃住条件极为简陋。王遂起和夫人张蔼灿带着儿子住在五铺的一个农民家里。这家三口人，有老太太和一儿一女，房屋破旧，四壁透风，门窗也不严实。虽是初春，屋内依然阴冷，夜间睡觉时孩子不得不带上棉帽。屋漏偏逢连阴雨，王遂起在搬运时不小心扭伤了腰，不能行走。夫人张蔼灿去食堂打饭，回到驻地饭菜早凉了，只能将就用小煤油炉热一下。房屋前面有条土路，每逢雨天，泥泞不堪，一步三滑，不小心就会跌跤。夏天到了，麦子熟了，大家夜以继日地去抢收，收工时各个都累得腰酸背痛！

灰色的记忆里，天真的孩子们给干校生活带来了些许慰藉和温暖。王遂起记得，"二排的职工共 6 个孩子，都是三四岁的年龄，妈妈们便被组织起来办了个幼儿园，轮流值班。幼儿园活动内容很丰富，讲故事，唱革命歌曲，做游戏，教识字，到地里捡红薯、捡花生……虽说环境艰苦，但孩子们依然健康快乐地成长！上天垂怜，干校这一年政法学院的孩子们竟然无一人生病！"

1972 年 2 月，干校宣布解散。个人得到消息前，被分配的单位、报到时间均早已确定，真正是"共产党员是块砖，哪里需要哪里搬"。随后，王遂起夫妇奉命去了安徽大学。他先在化学系任辅导员，后调到学校党委做纪律检查工作，夫人则去了物理系担任秘书一职。学校纪检书记姓吴，是 1936 年参加革命的老红军，而王遂起恰是 1936 年出生，一老一少，相处融洽。安徽大学纪检部门的两个"1936"年干部，一时传为佳话。

1978 年，中央决定恢复北京政法学院。组织部门到安徽大学调人时，当年分配的 15 人中，已有 13 人先后调离，唯有王遂起夫妇仍在坚守。得到消息后，在安徽的北京政法学院原教师们激动万分，迅速集结，推荐王遂起与苏炳坤两人回京打前战。苏炳坤当时在安徽省公安厅工作，回京主要负责户口问题，王遂起则负责办理小孩上学、住宿分配等工作。北京政法学院停办 8 年，原有的校园已被北京戏曲学校、北京曲艺团等单位挤占，陆续返校的教职工住房极为困难。学校只能因陋就简，将家属中的老人集中起来，老太太们住一间。王遂起的岳母，70多岁的老太太，住在 6 号楼的一楼，他们夫妇带着孩子住在三楼。老人每天楼上楼下地来回跑，有一次不小心摔了一跤，整整昏迷了一天一夜！万幸的是，有惊无险，老人最终转危为安。

朝气蓬勃的 80 年代

学院复办后，王遂起满怀激情重返教学岗位，继续从事心爱的教学事业，并兼顾学校的行政管理工作，先后担任过教务处副处长、处长。在任期间，为了保证本科生教学秩序，认真敬业的王遂起在生活中给予学生细心的呵护与照顾，冬季坚持到教室测量室温，若有问题及时解决，保证学生们听课、自习能有一个温暖的环境。在课程设置方面，他认真听取一线教师的建议，为适应法学教育以经济建设为中心的发展需要，大胆开拓创新，成立了自然科学教研室，以提升学生的自然科学素养。

同时，王遂起积极吸纳校友们的反馈意见，综合分析社会需求，主张高等法律人才需要极强的抽象思维能力，而坚持增设数学课为法学专业基础课。还应体育老师的要求，改革女学生体育课教学内容，除了长跑、短跑、跳高、跳远、高低杠等运动外，专门为女生的体育课增设了舞蹈元素。这些课程的改革，契合了时代特征和社会需求，也受到了同学们的欢迎，为学生就业拓展了空间。1985 年，为了表彰奖励王遂起老师兢兢业业的工作态度，学校特推荐他参加北京市教育工会组织的劳动模范和优秀教育工作者到北戴河休假的活动，全校一共才三个名额。

▲1985 年作为法大代表之一赴北戴河疗养

后记：

不知不觉间，三个多小时过去了，王遂起老师从 1958 年入校读书谈到了 2000 年退休。言语中，他总是反复地提及，自己 1958 年加入中国共产党，在大学阶段形成了"为党工作""为祖国工作"的价值观。六十多年来，作为一名党员，他一直践行着这样的信念：任何时候，都要听从党的召唤和安排，无怨无悔地奉献，默默无闻地付出。这大概正是那代法大人坚守的信念和情怀吧！

在知识产权法的热土上耕耘守望

颜晶晶[1]

张今，中国政法大学教授、博士生导师。曾在北京大学和中南财经政法大学学习。研究领域为知识产权法、反不正当竞争法。1983年进入中国政法大学工作，2019年底荣休。中国法学会知识产权法学研究会常务理事、副秘书长，北京大学粤港澳大湾区知识产权发展研究院高级研究员，知识产权保护企业联盟专家委员会法律专家，中华全国工商业联合会美容化妆品业商会专家委员会法律专家。

燕园时光：迈入法学圣殿

1979年，在我国恢复高考的第三个年头，张今从激烈的竞争中脱颖而出，考入北京大学法律学系（现北京大学法学院），开启了四年燕园时光。彼时的中国百业待兴、生机勃勃，北大校园里更是聚集了一批胸怀天下、思想活跃、意气风发的年轻人。其中，被谓为"黄埔一期"的北大法律学系77级涌现出了李克强、姜明安、陈兴良、陶景洲等杰出代表，成为国家改革发展的栋梁、法治建设的中坚；79级亦走出了多位学界、政界、商界精英，例如季卫东、马忆南、黄尔梅、郭建梅等。79级是赶上国家改革开放的幸运儿，法律学系是全校学生人数最多

---

[1] 中国政法大学民商经济法学院外事办公室主任，副研究员。

的一个大系。一些法学理论课程是 78 级和 79 级一起开课，罗豪才的"西方政党制度"、魏敏的"国际公法"、芮沐的"外国民法"、段瑞林的"专利法"等课程，都堪称名师讲堂。在北大学习期间，张今如海绵一般地汲取知识，未名湖与博雅塔见证了这段学习时光。

▲张今教授在学术讲座中

蓟门初遇：见证法大"元年"

1983 年从北大毕业后，张今被分配至地处学院路的北京政法学院工作。北京政法学院乃中国政法大学的前身，于 1952 年由北京大学、清华大学、燕京大学、辅仁大学四校的法学、政治学、社会学等学科组合而成。她入校工作的同年，北京政法学院与中央政法干校合并，组建成立中国政法大学。因此，1983 年是中国政法大学校史上具有纪念意义的一年——启用"中国政法大学"校名的"元年"。北京政法学院在"文革"中停办，直至 1978 年才复办，尤其在 1983 年成立中国政法大学之后，学校急需一批接受过系统法学教育、具备扎实法学功底的专业人才。

当年与法大的"初次见面"，在张今的记忆里颇带有几分"意料之外"的色彩。获悉将来法大工作后，她心中充满了投身国家法治建设的家国情怀与热切愿望，至于工作条件，以为高校之间差不了太多。直到她提着行李包、兴冲冲地到学院路报到时，才惊讶地发现法大校园小得可怜，只有屈指可数的几栋楼。除了老教学楼之外，现在食堂的所在地是一栋三层楼房，兼做办公楼和学生宿舍；教学楼后有一排简陋的木板房，为教师的资料室和办公室之用，新分配来的老师们就在那里办公；至于住宿，学校在大钟寺附近租用了一些平房，作为教职工宿舍。由于历史遗留问题，文化部、司法部等单位彼时还有一些机构没有迁走，校园里更显局促。在北大优美、开阔的环境里学习生活了四年，忽然置身如此简陋的校园，她顿感失落，有些懊恼地想："这里与北大离得那么近，之前怎么就没想过先来考察一下再做决定？"

采访张今老师之时，正逢 2021 年秋季学期开学，又一批新教师和同学来到法大。九月的学院路校区焕然一新：简洁时尚的新校门竣工，老教学楼前绿草茵茵、群花灿烂，智能化的教学图书综合楼投入使用，新食堂正在如火如荼地建设中……在如今"小而美"的校园里，新入校的年轻教师和研究生们可能难以想象 38 年前这个校园里硬件设施"捉襟见肘"的景象。"不经意间，在岁月流逝中见证了学校的发展变化"。

▲2010 年 11 月，张今教授与学生合影

扎根法大：陪伴是最长情的告白

入职之后，张今发现，虽然法大的工作与生活条件艰苦，但拥有一批堪称中国法学界中流砥柱的学者，以民法学江平、法制史张晋藩、刑诉法陈光中、国际法朱奇武等老教授为代表，还有一群才华横溢的年轻法律人。忙碌的工作、丰富的精神生活淡化了艰苦的校园条件带来的诸多不便。她和其他新入校的同事们很快融入了法大，也融入了彼时激荡南北的法治建设大潮中。那批法律人很快成为法大教学科研战线的生力军，后来其中一部分学者更是逐渐成长为中国法学各学科的领军人物。"我认识的多位法大退休教授都是83年前后来校或留校工作的，像民法的姚新华、刘心稳、李显东、鄢一美等；前一年入校读研、毕业后留校的，有刑法的阮齐林、商法的赵旭东等。这一批学人中涌现了多位授课深受学生欢迎、科研能力又很突出的优秀教师，他们一生扎根法大，撑起了法大的门面。与我同年来的北大毕业生，后来有的因为工作调动离开了，有的因为改行当律师离开了，留下来的寥寥无几。"

张今初入校工作那几年，正值法大开足马力地建设发展时期。她亲历了1984年法大新校区选址昌平，1987年昌平校区主体工程完工、迎来首批学生，1989年礼堂落成，1990年行政办公楼建成，1991年图书馆竣工，1996年体育馆建成的过程。昌平校区体育馆前伫立的拓荒牛被视为法大精神的标志，这段校史在法大人的记忆中，是一段披荆斩棘的"拓荒之旅"。回首这近四十年间的变化，张今如数家珍，大至校园建筑的变迁，小至昌平校区设立女教师休息室等后勤服务细节。或许正是因为亲历了学校"创业"的不易，对于今日法大的点滴进步才更加觉得弥足珍惜。

张今于1990年涉足知识产权法，2000年晋升为教授，2003年年近五十之时又报考中南财经政法大学吴汉东教授的博士，于2006年取得法学博士学位。直至2019年底荣休，她把职业生涯中的36个年华全部留在了法大。退休之后，她仍然"退而不休"。2019年，她获得国家社科基金重点项目"作品类型扩张下独创性理论构建与适用研究"的立项；2020 年，她被聘为中国政法大学知识产权法专业特聘博导，至今仍在招收和指导知识产权法博士研究生，同时保持着持续且高质量的论文发表。近十年来，张今老师还承担了教育部人文社科规划项目 1 项，国家新闻出版署、中宣部政策法规研究室委托立法项目 7 项，互联网企业委托研究项目 10 余件，有 30 余篇学术论文发表在《政法论坛》《法商研究》《法学杂志》等学术期刊上，其中 2 篇被《新华文摘》全文转载。"将青春献给了法大，把事业留在了法大"——这是张今老师与法大这份始于 1983 年的不解之缘的写照。

杏坛耕耘：与知识产权法的相遇相守

我国的知识产权法律体系在改革开放后才逐步建立。1980 年，我国加入世界知识产权组织；1982 年、1984 年、1990 年和 1993 年，《商标法》《专利法》《著作权法》和《反不正当竞争法》先后颁布，我国的知识产权法律的基本框架基本建立。从 20 世纪 90 年代初投身知识产权法学教学与研究至今，三十年弹指一挥间，张今见证了中国知识产权法治建设砥砺前行的脚印，亦亲历了知识产权学科在中国政法大学从无到有、生根发芽、枝繁叶茂的过程。

回忆起法大知识产权学科筚路蓝缕、奠基立业的发展历程，张今娓娓道来：徐杰教授、黄勤南教授是法大知识产权法的开拓者和老前辈。法大知识产权法研究所的前身是经济法系下的科技法教研室，该教研室首任主任由青年才俊庞正忠担任（1987—1992 年），其后来参与创办了金诚同达律师事务所，成为国内最早从事知识产权业务的专业律师之一。彼时，科技法教研室开设了技术合同法、知识产权法等课程。说起为何选择知识产权法这一新兴学科而非传统部门法作为研究方向，张今坦言，由于知识产权法的"新"令一些问题充满了挑战，所以她对此产生了浓厚兴趣。正是在这样的机缘巧合下，她成为法大乃至国内较早从事知识产权法学教学与研究的学者之一。

民商经济法学院于 2002 年成立，而后在原科技法教研室的基础上成立了知识产权法研究所。从那时起，张今开始面向本科生开设知识产权法通识课程，知识产权理论研讨、知识产权案例分析等实务课程。随着知识产权法的地位和作用不断提高以及法学学科发展建设的需要，2009 年起，法大开始独立招收知识产权法专业硕士研究生，在此之后，她的教学重心从本科生转向了研究生。在法大开设的四门研究生知识产权法专业基础课——"知识产权法总论""著作权法""专利法"和"商标法"中，她承担了"著作权法"和"商标法"的授课工作。这两个领域也是她最为侧重的知识产权法研究领域。尤其随着网络、信息技术的发展，知识产权法领域的新型法律问题层出不穷，对于授课者的理论功底和前沿视野都提出了更高的要求。为此，张今一直以高标准来对待授课，这两门课她年年讲授，但课件年年更新、年年精进，一直到退休。

在法大，知识产权法学专业最初并未独立招收研究生，而是放在民法和经济法之下进行，报考这两个学科的学生可以选择知识产权法作为研究方向。2007 年，法大将"知识产权法学"作为自主设置的二级学科在教育部备案，成为国内最早自主设置"知识产权法学"二级学科的高校之一。2009 年起，法大将知识产权法从民法和经济法中独立出来，开始独立招收硕士研究生。从首届招生开始，张今每年均指导四名以上硕士研究生。2012 年起，她开始招收博士研究生，迄今培养的法学硕士、博士研究生有六十余名，另指导了数十名法律硕士及双学士。其中不乏毕业后在国家知识产权法治建设战线上脱颖而出的佼佼者，例如华为知识产权部北京分部部长阎新、北京三友知识产权代理有限公司总经理党晓林、君合律师事务所合伙人卢亮、天元律师事务所合伙人朱凡等。

教材是一个学科知识体系理论化、系统化的重要载体。张今回忆，在知识产权法学科发展之初，我国国内尚无成熟的教材。经过国内最早一批知识产权法学者的探索，国内的知识产权法学教材经历了从无到有、由少至多、百花齐放的过程。从 20 世纪 90 年代后期起，她参加编写普通高等教育"十一五"国家级规划教材《知识产权》，该教材至今仍多次再版，并编著《知识产权基本问题研究》商标法部分，还独立出版著作、教材 4 本。2015 年，张今在多年一线教学经验的基础上，精心、系统梳理，在北京大学出版社出版了《著作权法》一书。该教材的特色在于原理讲解透彻，关注时代发展前沿，重点章节引用了大量真实案例，颇具理论与实践相结合的特色，问世后广受好评，入选普通高等教育"十二五"规划教材，迄今已出版至第三版。

"法大知识产权法专业研究生的培养规模在国内高校中位于前列，尤其是法学硕士毕业生在社会上很受欢迎，其特点是法律思维逻辑清晰、基本功扎实、法律运用能力强。"说起法大的知识产权法专业，张今如数家珍，语气中充满了母亲看待孩子成长的亲切与自豪。

▲2017 年 6 月，张今教授与硕士生毕业合影

课比天大：当热爱超越责任

迈入中国政法大学昌平校区端升楼一楼的大厅，抬头可见一块牌匾，上刻四字——"课比天大"。这么多年来，这也是铭刻在法大老师们心中的四个字，代表着法大的教学理念以及对教师职业操守的要求。

问起教师生涯中为何事最感自豪，张今几乎是脱口而出："这么多年来，上课从未迟到过一分钟。"由于法大是学院路和昌平两地办学，所以赶班车成了老师们教学科研之余的日常。尤其是在法大昌平校区于1987年落成后、八达岭高速于2001年建成前的那些年，公共交通和私家车还远不如今日普及，赶班车成为老师们上课日的首件大事。距离张今家最近的班车站是西三旗站，但是从家到西三旗站还有一段距离，骑自行车太远，只能搭乘公交车。当年西三旗属于郊区，周边公交线路不多，道路尚在修建，路况很不好。每当早晨八点在昌平校区有课，她都需要清早五点多起床，风尘仆仆地赶到公交车站等车，以确保于六点五十赶到西三旗班车站，搭乘学校的班车前往昌平，于八点上课铃响之前站到讲台上。在天寒地冻的冬季或赶上雨雪风沙天时，赶路更为辛苦。然而，最难熬的是久等不来公交车、唯恐错过班车的焦灼。"为了及时赶到班车站，我曾经自己骑过摩托车，还曾经两次因为等不着公交车，急中生智拦下拉垃圾的大马车捎自己一程。"当昌平校区的同学们坐在早晨八点的教室里，迎着初升的太阳开启一天的课程时，又如何能想象得到，讲台上那位神采奕奕的女教师在一两个小时之前刚刚挎着装满教材的大包，或风驰电掣地驾驶摩托，或焦急又狼狈地拦马车赶路呢？

"我不止一次做过这样的梦：找不着教室，赶不上班车；如果第二天有课，晚上时常醒来好几回。"有一段时间，为了避免赶不上清早的班车，张今干脆提前一天就住到昌平的教工宿舍里。正是这份刻在骨子里的自我要求，成就了张今"教学生涯从未迟到一分钟"的"纪录"。

如果说"课比天大"是法大对于全体教师的要求，是一种教师应当履行的责任的话，能够数十年如一日、无怨无悔地做到，是因为其内心的热爱已经超越了责任，成为一种融入血液里的基因。

"站稳讲台，讲好每一节课，是教师的天职。"回顾从教生涯，"教学相长"是张今老师最切身的体会。"讲课对于教师本专业的提升很有裨益，在备课、授课、指导学生等教学环节中，时常会迸发出灵感的火花。我的几本著作都是在教学过程中'摸爬滚打'形成的"，张今如是说。

在教学中，张今有着自己的教学特色和讲授风格。她不仅重视理论教学，讲授商标法能透过商业标记，洞察市场交易秩序对营商环境的作用，讲授著作权法能贯穿历史，揭示科技发展与法律变革的互动关系，将人文知识融于法律规范之中；而且也很注重就实务中的常见问题、经典案例与前沿话题同学生们探讨，她在课堂上呈现给学生的每一个案例都是在法律咨询服务中遇到的真实案件，这让每一位聆听她授课的学生印象深刻且获益匪浅。

静水深流：温和而坚定的力量

张今身材高挑，留一头短发。远远走来，常常一眼即可认出。性格温文尔雅是她给同事和学生们留下的印象。不管是在课堂上，还是生活中，她说话总是不徐不疾，即使没开口，脸上也总是挂着浅浅的笑意。

知性低调，是师生们对她的又一印象。从当初的新兴学科发展至今，知识产权法学在当下已成为一个热门学科，这从各大高校知识产权法专业硕士生招生分数多年来居高不下、社会上知识产权法研讨会等各类活动"遍地开花"可见一斑。"每次接到参会演讲邀请，我都会自问：'对这个问题，你有自己的看法吗？'若还没有自己成熟的观点，无法做到言之有理，我会婉拒邀请，先做好观察、研究再发声。"正是这份学者的自觉与自我要求，令她赢得了学生、同事和业界的尊重。

桃李不言，下自成蹊。张今说，职业生涯中她最看重的，是来自学生的认可。多年来的默默耕耘，收获了学生们的尊敬与肯认。在中国政法大学 2018 年举行的首届"研究生心目中的优秀导师"评选中，张今榜上有名。值得一提的是，这一奖项是由法大研究生自发推荐、学院评选委员会分会审核推选、最终由全体研究生投票产生的，代表了学生的口碑，分量满满。2019 年底，张今荣休时，她指导的研究生们自发制作了一份视频——《最后一课》，记录了张老师于三尺讲台上执教最后一堂课的画面，留下了一段师生佳话。

从负笈北大求学，到走上法大的三尺讲台耕耘四季；从步入法学的广袤天地，到选择知识产权法这方热土用岁月守望、开拓；在军都山下、小月河畔一年年的花开花落中，张今用女性学者温和而坚定的力量，书写着"教师"二字——字迹隽永而清朗。

后记：

由于中国政法大学教师工作部《政法往事》（第二辑）的编纂工作，让我有幸成为张今老师这段"政法往事"的倾听者。在张老师那关于往事的点滴叙述中，我仿佛搭上"时光机"，穿越回法大20世纪八九十年代的校园，叩开一段泛黄的历史——那是属于一代学者的鲜活青春，是一个学科在法大乃至中国的发展历程的缩影，也是属于法大的温情脉脉的故事。

不道岁月夕阳晚　一世师缘法苑情

宋春香[1]

> 黄菊丽，中国政法大学哲学系教授，北京师范大学逻辑学专业研究生。1961年，毕业后入职中国政法大学哲学教研室，从事逻辑学教学工作。

"我干了一辈子的事情就是教书"

1961年黄菊丽从北京师范大学逻辑学专业研究生毕业后，就来到法大哲学教研室从事逻辑学教学工作。回忆起在法大的教书时光，黄菊丽深切表示道："我喜欢教师这个职业，而且一辈子没有做过什么轰轰烈烈的事业，就是一个普普通通的教师，我干了一辈子的事情就是教书。"做一名光荣的人民教师，这是她久蓄于怀的愿望。这与黄菊丽的求学经历有关，她高中读的是长沙女子师范学校，大学读的是北京师范大学，所以"教师是人类灵魂的工程师"的思想深深扎根在她的脑海里。在黄菊丽看来，教师这个职业崇高、神圣，她愿意为此奉献一生。

黄菊丽喜欢学生，喜欢到学生中间去，听取他们对教学的意见和要求，或者聊聊别的。青年人热情，朝气蓬勃，思想活跃，自己会受到感染，甚至感觉到自己也会轻起来，也更有活力。特别是站在讲台上，当看

---

[1]　中国政法大学国际教育学院汉语言专业教研室副教授。

到学生们全神贯注地听自己讲课，并且感到很有收获，觉得学习逻辑学知识很有用，从而喜欢这门课程的时候，黄菊丽就会特别高兴，讲起课来就更有激情了。

黄菊丽喜欢教学相长的状态，她非常感谢学生，因为学生对知识的渴求和对问题的探讨会给自己带来很大的动力，促使自己更加深入地学习和思考，不敢懈怠。现如今，学生们的收获和进步让她有价值感，也令她倍感欣慰。而节日里的问候与祝福，带给她无比的快乐和幸福。

▲黄菊丽教授

"心往一处想，劲往一处使"

说起最难以忘怀的记忆，黄菊丽提到了逻辑教学组，与法大逻辑教学组老师们共度的那段美好时光，是黄菊丽心中最温暖的阳光。

黄菊丽回忆道，当时的北京政法学院有四个政治理论专业教研室，即党史教研室、共运史教研室、政治经济学教研室和哲学教研室，其他的都是法学教研室。1979年复校的时候，哲学教研室只有十几个老师，其中从事逻辑学教学的只有四位，逻辑教学组的组长是黄厚仁老师。虽然老师不多，但是要承担全校所有学生的逻辑学课程。当时的教学任务很紧急，逻辑学既是基础课也是必修课，学生入学的第一个学期就要开设这门课程，因此回到学校不久后就要马上开课，所以授课压力比较大。

当时老师们没有教科书，也很少有教学参考资料，一切都是从头开始。于是教师们大多靠自己手工书写来编写讲义，仅能参考的就是苏联的教材、中国人民大学的教材。这时候，大家充分发挥了集体的智慧和力量。黄厚仁老师让大家分担不同章节的撰写，分头准备，并组织集体讨论，各章节讲些什么内容，哪些内容是重点，哪些内容是难点，如何联系法律实际等。有时候，对某一个问题的理解，大家会有分歧、有争论，甚至讨论很激烈，谁也说服不了谁，大家就会去请教杜汝楫教授。杜老师会为大家作专题报告，如周延性问题、逻辑基本规律的问题、回溯推理的探讨等，来回应老师们的分歧和争论。教学组这样的集体研讨，持续了很长一段时间。后来，在杜汝楫教授的指导下，大家相继编写出了本科和大专的教材。

随着学校的发展，老师们教课的任务越来越重，有本科课、双学位课、研究生课、函授课等，大家都很忙，教学组的集体研讨气氛才渐渐地淡薄了。但是，这段时光却令黄菊丽最难忘，她深切表示："当时教学组的老师们，虽然在教学、生活等多方面都遇到了困难，但是都毫无怨言，勇于担当，团结协作。比如有的同志在备课中感到困难，写好备课稿的同志就会拿出自己的讲稿供他参考；又如，有的同志在讲某个理论问题时，缺乏生动的实例来说明，就会有人把自己举的实例提供出来，让大家讨论。总之，当时的研讨氛围很浓厚，有难以理解的问题就提出来讨论。大家都无所顾忌，各抒己见，畅所欲言，毫无保留，真诚相助，心往一处想，劲往一处使，一门心思，搞好教学和科研。正是源于集体的智慧和力量，大家圆满地完成了共同承担的教学任务。"

运用福尔摩斯案例教学的先行者

当代人对于福尔摩斯早已经耳熟能详，但是，在20世纪80年代，这可是一个新鲜词。黄菊丽做了一辈子逻辑学专业教学的教师，是运用福尔摩斯案例教学的先行者，她找到逻辑学和法学的联系点，在授课中使用生动丰富的案例教学以调动学生的学习兴趣，黄菊丽的逻辑学课程深受法大学生的欢迎。

黄菊丽认为，"学生喜欢听课是一方面，更重要的是要让学生感觉到，学习这门课程很有乐趣，掌握逻辑知识很有用。"这是她的追求也是她努力的方向，因此，黄菊丽不断更新自己的教学方法和内容，用心讲授好每堂逻辑学课程。说起受同学欢迎的原因，黄菊丽概括出两点：一是备课认真，二是结合案例教学。在讲清楚基本概念、基本理论知识的前提下，黄菊丽特别注重知识的运用，尤其是结合案例进行教学，在那个年代，她经常使用的案例大多来自《福尔摩斯探案全集》，结合法律的专业特点，引用里面的法律故事，通过细心耐心的案例讲解，帮助学生掌握分析并理解相关逻辑知识在司法实践中的应用，以及推理技巧，同时也让学生能够理解法律的逻辑内涵。

在讲研究生课时，黄菊丽会更多注重对理论问题的学习和探讨，更多关注本学科学术前沿动态，采用课堂讨论的方式，这也是学生喜欢的方式。同时，她最喜欢通过学生提出的问题来更深入思考专业理论知识。只要有问题就会不断看书学习，不断补充专业理论知识，以更好地解决实际问题。而对福尔摩斯案例的运用，无疑为她的教学增加了趣味性和实践性。

退休后丰富多彩的社团生活

黄菊丽性格开朗，充满热情，爱好广泛。不仅喜欢唱歌，而且还喜欢运动。退休后，她积极参加学校离退休工作处组织的社团活动。2003年就负责离退休教职工合唱团的工作，随后不久，又负责舞蹈队、太极队的工作，还担任离退休社团工作委员会副主任，曾多次组织社团参加北京市委教育工作委员会和北京教育老干部活动中心组织的演出活动，并多次获奖。

随着年龄的增大，虽然黄菊丽不再做社团负责人的工作，但是她仍然积极参加合唱团、太极队等活动。在接受采访的时候，她正参加离退休工作处组织的庆祝建党100周年的活动，与合唱团的成员一起录制完成《不忘初心》《在灿烂阳光下》《唱支山歌给党听》《跟着共产党走》等节目。

采访间，黄菊丽还高兴得即兴哼唱起来。她说，退休后想要拥有健康的身体，就要积极参加老年社团，社团里开展了多种多样的娱乐活动，唱歌队、舞蹈队、太极队、模特队、书画组、编织组、下棋组、养花组等，活动丰富多彩，氛围和谐温暖，令人心情愉悦舒畅，老年社团确实是老年人精神生活的理想家园。

▲宋春香教授与黄菊丽教授合影

后记：

我们的采访是在中国政法大学离退休老干部活动中心的聊天室进行的。采访过程中，黄菊丽教授一直微笑着，将多年的教学往事娓娓道来，时不时为当年的工作趣事欣喜不已，一切虽然已成往事，但仍记忆犹新。一个小时的交流，让我们一同走过法大的六十年发展历程。轻松自如间是一种忘年交的默契，宛若多年故友。一个人最大的幸福，莫过于喜欢的事情成为职业。一个学校的发展，莫过于拥有爱岗敬业的优秀教师团队。回首法大岁月，有多少像黄老师这样的老教授为法大的教育事业无私奉献着，默默耕耘着。采访虽然结束，但是清脆的歌声犹响耳际，美好的祝福发自肺腑。山间，自有苍松不老；法大，长存教学青春。点滴笔墨，一份初心，我只能留下这一精彩生活的小片段，在此由衷祝福那些怀揣初心的老教授们身体康健，生活幸福！

军都山下育桃李　蓟门桥畔点春秋

申琰琰[1]

> 赵东升，中国政法大学副教授，中国政法大学体育教学部退休教师，中国足协裁判讲师，同时担任北京市足协裁委会顾问。1982年开始在中国政法大学任教，2014年退休，在校从教32年，教授篮球、排球、足球等多门体育专项课程，并担任法大男子足球队教练、法大女子足球队教练，带领法大女足从无到有并取得辉煌战绩。

与赵东升老师初次见面是在一个晴朗的早晨，他戴着棒球帽、一身运动休闲服外加一个双肩包，走路生风、语速飞快，让人很难将年近古稀的老者与眼前这位退休老教师联系起来。而从包中拿出的保温杯提示着，这位"小伙"已经步入注重养生的年纪。如果将人生比作一首乐章，那么在赵东升老师这里，担任过四年小学教师和两年中学教师的经历为前奏，在中国政法大学任教的三十二年则是主旋律的华彩之章，并且直到今日他仍在咏唱不止。

拓荒、拓荒，播撒一路星光

1982年1月，赵东升从北京师范大学体育系足球专业毕业被分配至北京政法学院（中国政法大学前身）担任体育老师。

---

[1]　现任职于中国政法大学体育教学部。

处于复校期间的北京政法学院，百废待兴，办学条件非常艰苦。为了开展教学工作，体育部的老师们开始自己动手丰衣足食。没有专业运动场地就拉碾子、压跑道建场地；缺乏体育器材，就因地制宜灵活机动安排授课，在学校平房之间的空地上指导学生们练习跳山羊。

赵东升报到后，跟大家一道参加劳动、整理校园环境，为上课创造条件。办公教研都窝在一间小小的平房里，但这并不耽误他琢磨怎么拓展教学形式。那时北京冬天十分寒冷，而踏上新工作岗位不久的赵东升心里却有十足的干劲与热忱。十二月到了，赵东升跟同事们一遍一遍地在操场泼水制冰场，等冰面冻结实了，冰上轮滑就开课了，这项趣味性极强的冰上运动很受同学们的喜爱。在略显简陋的校园里，年轻学子在冰场上滑出的一道道冰痕，镌刻着那个年代法大师生对体育运动的热情向往和自力更生、自强不息的浪漫情怀。

▲1983年中国政法大学男子足球队合影，前排左三为赵东升

1987年，中国政法大学昌平校区正式启用，赵东升和同事们从海淀转战昌平。新校区虽然已经盖起了教学大楼，但是篮球场地面没有硬化、足球场地面还是黄土地，体育教学条件仍有待完善。老师们继续发扬拓荒牛精神，默默耕耘，在昌平校区投入大量劳动，只为同学们能在

更好的环境条件下接受体育健康教育。复校时期的艰苦岁月中，尽管物质条件匮乏，但在体育教师们竭尽所能的努力下，学校仍然开设有棒垒球、足球、乒乓球、篮球、排球、手球、拳击、单双杠、冰上轮滑等内容形式丰富的体育课程。赵东升他们砸在黄土地上的汗珠，化作点点星光，照亮了学生们的求知路。

与法大女足的不解之缘

也是在昌平校区，法大女足开始萌芽，在这个过程中赵东升倾注了太多太多的心血。很自然地，话题转到女足，当问到"女足对您意味着什么"时，赵东升不假思索地脱口而出："那是自己的闺女啊！"

为了把这个"小闺女"一点一点拉扯大，赵东升没少花心思。最初是足球课，很多学生入校时对足球运动了解甚少，他就把动作掰开揉碎了教，再通过观察每个学生的接受程度来调整授课方案。脚部动作的细节、传球如何预判、培养跟队友的默契意识等，赵东升投入了极大的耐心，诲人不倦。因为教学生动有趣，同学们口耳相传，渐渐地同班同学来了，然后同年级同学来了，再后来师姐师妹也来了。越来越多的女孩子开始对足球感兴趣，加入踢球的行列。

赵东升一边上课一边物色好苗子。女足队伍组建成功后，他坚持每天带队员出早操，雷打不动。爱护她们、关心她们、引导她们，这是他的教育信条。他跟这帮孩子们交心，训练后一起吃饭的时间也是汇报近期学习生活思想动态的时间。谁有困难，他尽可能去帮助；谁有不足，他批评指正。队员们在毕业后步入结婚生子等人生大事时也仍习惯跟他讲一讲，他记挂着每个队员，大家也记挂着他。这种朴素绵长的师生情谊是赵东升引以为傲的宝贵财富。也因此，他更加放不下女足，即使退休多年，仍坚持每周来校训练。退休但不退岗，赵老师为校女足队基层力量的选拔与培养继续发光发热。他负责选拔新人，一些资质很好但是技术不足的女同学，经过赵老师的言传身教，后来甚至成为校队主力球员。如果把中国政法大学女子足球队比喻成一座金字塔，那么赵老师就是在塔底发挥着输送人才、建设队伍的重要作用。在赵东升和继任青年教师的精心培育下，当年的"小闺女"如今已是手握十六冠的铿锵玫瑰王者之师。

▲2010年女足夺冠后合影留念，后排右一为赵东升

终身体育，健康第一

如果因为女足的种种温情时刻，以为赵东升是个"慈父"，那就大错特错了。在课堂上和训练场上，他是出了名的严格老师和"魔鬼"教练。

他训练篮球队员时，让他们练对墙抛接球，这是一种非常枯燥的训练方式，队员往往在做了几十次之后会停下来，觉得差不多可以了，而每当此时，赵东升会非常严厉地要求所有人继续。训练，除了可以增加队员抛接球的球感，也是对意志的一种考验。进步是由一点一滴的坚持累积出来的，其中可能有天赋的作用，但更多的是努力出奇迹。

他带领女足每天出早操，无法坚持的人，就会被淘汰。他教育队员，足球、篮球这类团体运动不仅需要超高的个人技巧，而且需要团队的整体默契配合，再辅以精准灵活的战略战术运用，才能赢过对手夺取胜利，团体类运动必须注重培养团队合作意识。经过他训练的队员，无异于提前经历了"团队精神培训"，不仅在赛场受益，走向社会后，这些过往经历会在新环境中提供源源不断的动力支持。

▲赵东升与队员一起训练

所有这一切，都指向赵东升略带超前意识的体育教学理念：健全人格，首当运动；终身体育，健康第一。即使在教学条件艰苦的时期，他也并没有把体育简化为"活动活动身体"。赵东升把体育形容为"课本之外的知识"，继而又补充道，"尽管它也是体育课本上的知识，但是体育太丰富生动了，它与实践紧密结合，让人终身受益。"他用极其严肃的语气说："我非常反对那种认为搞体育就是'头脑简单四肢发达'的观点，我也在用一生的工作实践去证明，体育对于塑造人格、培养意志品质至关重要。"他是这样说的，也是这样做的。赵东升培养过一大批优秀的学生与队员，他们热爱体育也受益于体育。这些人在走向社会后，大多都非常出色，有人成为律师，有人做了学者，还有人成为基层工作的中坚力量。

▲女足队员毕业前与赵东升合影，后排左三为赵东升

岁月荏苒，花落花开。从建校初期体育教学条件相对贫瘠到目前"校内联赛—高校竞赛—全国比赛"三级赛制完备、各项赛事开展已成常规，从体育课只是作为"小四门"之一的课程到如今"健康第一"教育理念的倡导树立，从蓟门桥到军都山，赵东升的任教生涯始终伴随着中国政法大学体育教学工作发展的脚步，甚至也是新中国高校体育健康教育事业进步的缩影。

从教四十余年，即使在退休之后仍然没有离开挚爱的足球与教学，采访接近尾声时，一直侃侃而谈的赵东升突然顿了一下，这位一辈子坚持在教育战线上，兢兢业业，无私奉献，把青春和年华奉献给体育教学的老教师真挚地说道："我热爱体育教学，现在也还教得动。我知道学校一直在做对新疆的支教工作，如果条件允许，我想去。"讲这番话的时候，赵东升眼睛里闪烁的光一如四十年前初来法大时。

后记：

将近两个小时的采访，透过那些丰富的语言、表情和肢体动作能够看到热爱、看到真诚、看到深情、看到坚守。赵老师一直说他是受党的教育成长起来的人，党把他派到这个岗位上就要不辱使命。以赵老师为代表的老一代体育教师对法大的情感朴素、真挚、热烈，他们爱岗敬业、默默奉献、勇于担当，这些优秀品质将影响、感召年轻一代教师在体育健康教育事业中继续前行。

与犯罪心理学结伴同行

刘晓倩[1]

> 刘邦惠，中国政法大学教授，硕士生导师，中国当代犯罪心理学专家。1997年来校任教，曾任中国政法大学社会学院副院长、党委副书记，中国心理学会法制心理专业委员会副主任，中国心理学会心理学教学工作委员会委员，中国犯罪学学会犯罪与矫治心理学专业委员会副秘书长等。

　　刘邦惠教授于1997年来到中国政法大学任教，2015年退休。在校任职期间，在该领域发表了具有重要影响力的多篇学术论文及多部著作，其《犯罪心理学》一书自2004年出版以来多次重印，成为国内众多高校犯罪心理学课程的首选教材。荏苒二十四年，刘邦惠教授见证了中国政法大学社会学院的诞生，更是陪伴了犯罪心理学学科的逐步成长。

初识法大，点点滴滴皆锦瑟年华

　　1997年2月，昌平的寒风还未收敛自己的"利刃"，刘邦惠从西南大学风尘仆仆来到法大，成为心理学课程的教师。心系课堂的她稍做歇息，第二天便开始给学生们讲授"心理学概论"课程。原本以为法学

---

　　[1]　中国政法大学社会学院心理系讲师。

生会对"枯燥"的心理学理论知识兴趣了了，可课堂上同学们炽烈的求知热情、勤奋的学习态度和一次次充满好奇的提问让她深受触动。在对课程进行不断打磨、不断精研的过程中，刘邦惠逐渐发现一个困扰当前教学的关键性问题，"其实市面上的教材不少，但都是针对心理学专业学生的，许多内容过于枯燥教条，与实际生活和法学应用都脱离太远，我想为咱们这些对心理学感兴趣的同学编一本最适合他们的教材。"因此，她下定决心要编写一本适合法大学生实际需求的心理学教材。说干就干，从此，初来北京、乍到法大的刘邦惠在教学之余，开始挑灯夜战，一心只愿为法大学生编写一本"最合适、最心仪"的教科书。

与同学们在一起教学相长的时光总是十分快乐的，但刘邦惠也发现，一学期下来虽说大家的心理学尤其是犯罪心理学理论水平有了极大的提升，但随之也产生了一些新问题。同学们在课堂上常常热烈讨论："犯罪人的生活究竟是怎么样的？他们当时真是这么想的吗？他们究竟后不后悔呢？"这些问题往往在一番争执后便不了了之，因为同大家一样，初来法大的刘邦惠还没来得及到实地进行调研。"这可不行，知识的传授决不能仅仅来自书本，如果都不去看一看怎么能解答学生的问题呢？"她这样告诫自己。于是，1997年下半年开始，每到寒暑假，刘邦惠便带着学生深入北京市少管所等单位一线开展田野调查，在长达一个多月的时间里，他们与少管所工作人员同吃同住同生活，和少年犯面对面访谈交流，近距离观察他们的行为特点。功夫不负有心人，这样的"零距离"接触给她和同学们带来了无限的启迪与心灵的震撼，他们意识到想象与现实相距甚远，是过往的刻板印象让大众对这一特殊群体产生了误解。刘邦惠开心地提到："你们不知道，那个时候我每天都有好多新的灵感和发现，这些灵感就好像会跳跃一样一条一条地在我脑子里闪过，我生怕错过后就不记得了，随时随地都会带着本子记录下来。"就这样，刘邦惠在法大开启了她纯粹而不简单的犯罪心理学研究生涯。

此后，刘邦惠更加坚定了将理论与实践融合的研究思路，并且毫无保留地将自己的所学所感传授给学生，为学科发展培养青年人才。郭托娅曾是刘邦惠的硕士研究生，从外专业跨考到心理学的她曾经一度非常迷茫。然而，一向对自己要求严苛的刘邦惠，却将所有的耐心和包容都给了学生。她不但多次单独给这位同学辅导心理学基础知识，还带其到全国各地参加学术会议，鼓励她找到自己真正的研究兴趣。皇天不负有心人，最终，在苏州参加华人心理学家学术研讨会时，郭托娅对心理剧产生了浓厚的兴趣并选定它为自己的研究方向。此后，在刘邦惠的帮助下，她着手在北京市监狱深入研究心理剧，不断开展心理剧实践活动，带领服刑人员自编自演"旁观者"和"家人"角色，通过"角色扮演"极大提升了服刑人员的共情能力和心理健康水平。刘邦惠的辛勤付出不仅让郭托娅感受到了学术的魅力与成功的喜悦，更让心理剧作为一种前沿心理干预手段在北京及全国多所监狱推广使用。可以说，在刘邦惠过去几十年教书育人的过程中，她对自己职责范围内的事情始终是雷厉风行，说一不二，力求尽善尽美。在面对学生时，她又无时无刻地体现着"甘将心血化时雨，润出桃花一片红"的呵护关爱之情。

▲刘邦惠教授2009年与研究生合影于法大

心系学科建设，一砖一瓦用情至深

在校 24 年，一路走来，刘邦惠见证了社会学院从初始建院的蹒跚起步到今天的蓬勃发展，也陪伴了心理学系的成长之路。在采访过程中，提及这段充满希望又辛苦的日子，她的眼里满是骄傲与不舍。

刘邦惠深情地回忆了法大心理学的发展历程："你们可能不知道，80 年代心理学都才恢复没多久，更别说犯罪心理学，全国也没几个人知道，罗大华老师那一辈的老教师付出了很多。为了让大家看到犯罪心理学这门学科，罗老师他们不仅仅要上课、写书、做研究，还要四处奔波联络全国各地监狱系统、公安系统，义务性地给他们开设了无数场讲座和培训班，反复地给他们讲犯罪心理学的价值和前景，这才有了犯罪心理学后来的规模和影响力，你们现在看到司法系统都会招不少心理学的毕业生吧，这都得益于那时候打下的基础呢。"提起这些往事，刘邦惠的每一句话里都透露着由衷的敬佩。在她心里，是前辈们倾其所有的付出才打开了犯罪心理学的研究大门，他们这些晚辈必须将学科的衣钵传承下去并发扬光大，才不负前人、不负学科。然而，刘邦惠没有提到的是，过去这些年为了给学院、给学生争取更多的研究和社会实践资源，她也曾经无数次一个人坐着公交车、辗转换乘三四次、往返路上五六小时只为去周边某个监狱上一堂公益性的心理健康课，就为了让监狱领导和干警们认可这门学科的价值，让他们今后能够接纳心理学的教师、同学参与到工作中。这就是刘邦惠的性格，她工作时像战士般一往无前又坚毅果决，但从来不会为自己邀功请赏，一心只想将事情踏踏实实地做好。

2005 年是法大社会学院历史上平凡又值得纪念的一年，这一年社会学院建院，心理学也独立建系，终于可以招收心理学专业的本科生了。事实上，在这之前，刘邦惠就承担了大量的准备工作。为了说服学校领导和各院老师，突出心理学独立建系的重要性，首要便是邀请校外专家对这一议题进行论证。但正如许多朴素的学者一样，刘邦惠平日里最不擅长的事情就是请人帮忙，这并非人缘不好，而是她永远都把照顾别人的感受放在第一位，宁愿自己多做点、累点也不想麻烦、打扰他人。然而，一心想为学科发展争取更多机会的她彼时也顾不得那么多了，开始逐一联系、拜访往日里有过交往的校外心理学专家，邀请他们共同帮忙论证心理学专业在法大开设的重要性。最终，在刘邦惠和其他老师的不懈努力下，多位国内外享有盛誉的顶级心理学专家组成了论证组，包括曾任中科院心理研究所所长的杨玉芳教授、北京大学的朱滢教授等。

论证通过后心理系便正式成立了，刘邦惠当之无愧地成为社会学院的副院长，负责主持心理学系工作。从此，既要抓管理促发展又要完成自身教学科研任务的她，工作量自然成倍增长。但刘邦惠始终保持着一丝不苟、兢兢业业的敬业精神和工作态度。为了制定一个合乎我校学生特点的培养方案，她几乎将全国各大院校心理学培养方案都认真研究了一遍，多次组织会议同本系老师集体商议，反复推敲方案确定具体细节，这才有了心理系最终的培养方案。

为了保障学生能够开展心理学实验研究，刘邦惠带领着众多系里老师投入到实验室搭建的工作中，心理学实验室自然离不开实验台、脑电、测谎仪、心理学软件等仪器设备，这不仅需要场地空间还需要经费支持，任何一项都不是小问题、小数目。刘邦惠回忆道："这是一个从无到有的过程，那时候我们经常去找校领导说我们的难处，请求学校支持。最后，学校不仅在格物楼一层给我们批了很多间教室，还一次性拨了几百万经费用于实验设备购置，这么大的数目在当时非常不容易。"说着说着，她还回忆起了那时的趣事，"有一天我带着许多老师在实验室整理器材，一直忙到晚上八九点，忙完后想到晚上回家还要写材料，就赶紧让大家都各自回家了。"她不好意思地笑起来，"现在想想当时再忙也应该请老师们吃个晚饭再走啊，大家跟着我干到那么晚连饭都没有吃，自己竟然没反应过来。"

回忆起这段没日没夜地搭建实验室、一心扑在学科建设上的岁月时，刘邦惠说的最多的一个词语就是"感谢"："在法大工作的这几十年，身心都很愉悦，能把专业建立起来真的很有成就感。最想感谢的就是心理系的老师们，他们真的是一心想把系里建设好，从来不说辛苦，从不为个人的事情提任何要求。"尽管她没有用太多华丽的语言去描述自己的个人情感，但是已经退休多年的她，仍然对心理学课程、实验室大大小小的设备如数家珍，仍然关心着同事、学生们的工作生活以及学科发展的最新动态。犯罪心理学早就与她的生命融为一体，这里的一砖一瓦、一草一木都是她心里最深的牵挂，所以她才能自然而然地将那么多的细节都记在脑海。

▲刘邦惠教授采访现场

寄望青年学子，砥砺奋进投身实践

作为犯罪心理学一路成长的见证者，刘邦惠一直殷切地期盼未来能有越来越多的学生认可并真正投身于这门学科。在她看来，犯罪心理学不仅可以帮助法学的同学掌握心理学研究方法与思路，也可以使心理学的学生扩宽研究范畴，又能让实务部门同志掌握具体的工作方法，无论是在科学研究还是在社会应用层面都是极具价值的。她多次强调："未来的科学研究一定是交叉的，单独某一个学科知识很难解决实际工作中面临的复杂问题，犯罪心理学作为一门交叉学科一定会不断散发它独有的魅力和价值。"

采访的最后，刘邦惠还不忘分享自己多年的研究经验。她倡议青年学子们必须要深入实践部门："想要做好犯罪心理学的研究就不能'死读书'。一线司法人员的实战经验是不可复制的，同学们要在实践中学会思考与总结，理论与实践结合就是最好的研究之路。"这些话，不仅是她对青年学子的殷殷嘱托，也是这二十多年来她在法大的生活缩影：不是在课堂上、书桌前，就是在监狱、在戒毒所、在社区矫正中心……每次去她家时，她总笑着说最近太忙了家里都没来得及收拾，其实我们都知道，她要统筹系里工作、要管理党务、要教学科研、要带学生、要做调研，她把所有的时间精力都奉献给了心理学系，奉献给了社会学院。

陪伴法大成长二十四载，这些年来，刘邦惠见证了法大在学科建设、校园建设、社会实践服务、师资力量、科学研究等各方面的提升。她含笑道："虽然法大一直在变化，但是校园里朝气蓬勃的年轻人没有变，不管哪个年代，年轻人都充满了法大的校园，他们有理想、有朝气，我从他们身上看到了光明的未来！"

二十四载，尽心竭力，刘邦惠对犯罪心理学的奉献与付出至今仍如春风化雨般滋润着每一位心理系学子。对于她而言，法大是学术的乐土，也是这些年黄金研究岁月栖息的美好家园。与犯罪心理学结伴同行的日子，是她最幸福满足的时光。

后记：

刘邦惠教授是我的硕士生导师，说实话，刚开始每次和刘老师见面都是异常紧张的，因为师兄师姐都说老师非常严厉，对大家期待也很高。但是三年相处下来，我看到的是刘老师在严厉之外对学生的关爱，她从来不爱在言语上有过多表达，但总是默默地为学生操心和付出，关心我们的论文、关心我们的工作、更关心着我们的成家立业，总是尽最大能力为学生们提供一切帮助；我看到的是她对自己更为严格的要求和对学科的全情付出，多年来刘老师一直保持着早起的习惯，每天早上五六点她就已经伏案在书桌前整理文稿，她总说早上写东西脑子比较清醒，要抓紧早上的时间；她退休前一直身兼行政职务与学术科研任务，工作以外，她几乎没有任何休息娱乐时间，几乎没有陪伴家人孩子的时间，把所有的心血都倾注在了学科建设和学生培养上。

在今天两个多小时的访谈中，我再次感受到了刘老师对学校、对犯罪心理学深厚的情感，当她提到心理学建系、心理系申请博士点、心理系未来发展的时候，我在她的眼里看到了骄傲，也看到了牵挂。心理学系非常幸运，正是有像刘老师这样的前辈们无私的付出和努力，才有了我们中国政法大学犯罪心理学今天在全国独一无二的知名度和影响力，正如刘邦惠老师所言，犯罪心理学作为法学重要的支撑学科，因为它融合多学科的理论与方法，更因为它根植和服务于应用实践，未来必将散发更耀眼的光芒！

医者仁心法大情

李丽伟[1]

> 李国铭，医生，毕业于中山大学医学院，1953年就职于北京政法学院（现中国政法大学）校医院。

"我是个医生，我的职责是治病救人！"李国铭老师在采访中不止一次提到。

"才不近仙者不可为医，德不近佛者不可为医。"李老师医者的责任和老一辈知识分子的坚韧与执着，让我不禁想到昌平校区"拓荒牛"的形象，在困境中脚踏实地、开拓进取。伴随着李国铭老师略带乡音的普通话，缓缓走进过去的时光，聆听着李老师关于校医院的点滴回忆，关于对昔日法大的美好记忆。

"为我们自己的老百姓服务"

李国铭出生于医学世家，爷爷是一名老中医，父亲、母亲也都是医生。父亲毕业于中山大学，是中山大学的第一届毕业生。在当时，家里有这样一位医生是件很了不起的事情。父亲一心一意培养他，期冀能够继承自己的衣钵。他从小就待在父亲的诊所里，受到父亲的言传身教。1949年读大学时，李国铭便选择了医学，开始就读的光华医学院是美

---

[1] 中国政法大学校医院主治医师。

国教会办的一所医学院校，一年后，转入父亲曾就读的中山大学医学院，1953 年 7 月毕业。期间，父亲想把他送到国外读书，但是他自己不愿意去，多次放弃了出国学医的机会。谈及当年选择的初衷，他坦言道："我得为我们自己的老百姓服务。"1953 年，他大学毕业，因业务能力优秀，被分配到了北京。同届学生中，被分配到北京的只有 8 位同学。卫生部开始准备安排他到北京市结核病医院（现安贞医院的前身）工作，但由于结核病医院 1954 年建院，比北京政法学院晚一年多，组织便先借调他去北京政法学院，筹办北京政法学院的医务部门。李国铭由此结缘法大，一干便是整整一辈子。他的夫人何春苑从广州图强护产学校毕业后被分配留在了广东雷州半岛一所乡级卫生所工作。1954 年 5 月的一天，学校通知李国铭安排一下，去接爱人来上班。原来学校为了留住李国铭，把他的夫人也调到北京工作。于是，伉俪二人开始了在法大的漫漫行医路。

▲2021 年 6 月 16 日，李国铭老师及夫人何春苑摄于房山

"一旦这个担子担起来，就要负责任"

1953 年，李国铭到北京政法学院报到时，学校还在北京大学旧校址沙滩院区，并未开始正式招生。之后，在现在的学院路院区筹建北京政法学院。李国铭陪伴并见证着法大校医院，从无到有，从零开始创建的全过程。

李国铭回忆，当时只有 24 岁的他，担负起创建医务室的重任。创建的过程是艰辛的，医务室成立之初，仅有李国铭一位大夫，三位从北京大学校医院调过来的护士，一位药师，还有一位工人。李国铭用司法部批的 4000 元，购置了开展医疗工作的必需品，设置了药房、诊室、护理室和化验室，添置了一台德国的显微镜，便于开展三大常规血、尿检查等，随着医疗设备的逐步完善，医务室也初具规模。

麻雀虽小五脏俱全，在辛苦的筹备后，医务室终于开诊了，主要负责全校师生、家属及干部的就医，偶尔还会遇到急诊分娩生孩子的患者。当时旁边还没有北京大学第三医院（北医三院），医务室上级的对口医院是位于交道口的北京市第六人民医院，遇到急重症患者病人还需要转至那里。当时学校周边还没有通公交车，护士们家住在城里，上下班很不方便，路上也很辛苦。于是到了晚上，李国铭便自己留在医务室里，处理师生夜间就诊。那时的学校在暑假时会放假休息两周，而李国铭连基本的十天假期都享受不到，因为他就住在学校里，不论白天晚上，只要有师生就诊，都需要处理。

如今耄耋之年的李国铭，回忆起校医院的岁月，不禁感慨道："这么多年从政法过来，可以说酸甜苦辣都有。想起来还真不容易。一开始看病时，学生们趴在窗户上看，哪来的小毛孩给我们看病。当时我胆子也大，我心里想，干也得干，不干也得干。一旦这个担子担起来，就要负责任。现在把这个责任交给我，学校从学生、到职工、到家属，医疗、保健都要负责，都要管，怎么也得把这个工作做好。"

"只要患者需要我就干"

李国铭有一个特点就是敢干、能干，只要患者需要就干。经历世事沉浮，他始终怀拳拳医者心，坚持"领导交代的工作，必须要做好"，秉承"拓荒牛"般的精神，在困境中脚踏实地，不断开拓创新。

李国铭的一个深刻体会是医学是不断发展的，医生的医术也要与时俱进，不断提高业务水平。校医院与综合性大医院不同，主要处理常见病、多发病。当时业务方面的学习，主要靠自己坚持看书和看医学杂志，有时候他也会去听中华医学会开展的学术讲座。

在心电图机还是新生事物的年代，心电图仅在诊断课程中有简单的介绍。通过心电图检查可以了解患者心肌缺血、心律不齐的情况，大大提高医疗质量，李国铭便引进了心电图机。他靠着扎实的医学功底和不言放弃的韧劲，研究相关知识，顺利开展了心电图检查。

学校每年有新生入学体检、教职工体检、毕业体检，这些都离不开胸部 X 线检查。而当时结核病的特点之一就是年轻人结核病的感染率高，每次体检都会检出 8~10 个活动性的、浸润性的结核病灶。李国铭随后建立了放射科。当时，全国从医学院校毕业的医生并不多，招到专门从事放射工作的医生更无可能，于是李国铭再次迎难而上，他不断摸索研究，自己完成透视及拍片，自己在暗室里显影、定影、冲洗胶片。体检人数多时，一天要完成 400 多人的透视。医务室还设有专门的结核病隔离处，患者的隔离、服药都由医务室负责。

每位病人的处方都是他自己配制的，因为药房里准备的都是原药，哪种药物用多少克，需要他配好后交给病人，且开药是用拉丁文开方子，有主药和副药。在岁月的历练下，李国铭逐渐成为一位名副其实的"万金油大夫"。

看似寻常最奇崛，成如容易却艰辛。健康无小事，医务室的工作非常重要，同时也琐碎繁杂。李国铭"怀非凡之爱，做平凡的事"，和校医院的医护人员们默默奉献守护着法大师生的健康。从建院伊始仅有一名医师三名护士的医务室，到 1983 年正式更名为"中国政法大学校医院"，如今已拥有一支专业的医疗队伍，成为一级甲等综合医院、北京市社区卫生服务中心。校医院的蓬勃发展离不开像李国铭这样一位位倾注全部热情和精力的法大医务人员的奉献和付出。

"我母亲是医生，父亲是医生，爷爷是医生，老伴还是医生，我们一家人都是医生。我是个医生，职责是治病救人，就是为人民解决疾病痛苦。我这一辈子也不后悔，从我个人来说，对得起人民。"言为心声，行为心表，李国铭是这么说，更是这么做的，用医者仁心，书写法大深情！

后记：

初见李国铭老师，93 岁高龄，谦和从容。在听到采访任务时，李老师欣然答应，和蔼地告诉我，想知道什么随便问。瞬间打消了我第一次采访的紧张感。李老师能熟练地使用手机，用微信交流，对新鲜事物仍保持着热情，一如他曾经在医务室引进当年还是新鲜事物的心电图机、放射机器。当得知我要去采访，李老师一早便叮嘱，正值堵车高峰，路上小心。

李老师的夫人何老师也在校医院工作了一辈子。李老师拿出两人年轻时的照片，风华正当年。伉俪携手一生，法大悬壶济世。当我提出拍照时，李老师自己站到椅子后，要我和何老师坐下来拍照，我作为晚辈自然不妥，连忙请李老师坐下，拍下了两人的合影。细节处，风范尽显。何老师也很亲切和蔼，一直坐在旁边，静静地听我们交谈，问及何老师在校医院的工作时，其言，在药房护理都干过，哪里需要就到哪里。何老师微笑着说，他都不说我。那一瞬间如孩子般可爱。两位老人本是南方人，一起在法大干了一辈子。择一城终老，遇一人白首，执手相伴一生，莫大的幸福。屋外，阳光温暖，岁月静好！

我的教书生涯：辛苦里有一点甜

丁 宁[1]

> 李士敏，1968 年毕业于首都师范大学，1987 年到法大工作，曾先后在基础部、人文学院任教，教授大学语文、公文写作、法律文书、传统文化、民风民俗等课程，2005 年 11 月退休。

去采访李老师的前一天晚上，昌平下了一场夹杂着冰雹的大雨。到李老师家的小院时，首先映入眼帘的就是开得正活泼的一盆盆花。李老师说，你看我这花保护得还不错吧？我和罗老师（李老师的老伴）刚从地里回来，今年冰雹小，拾掇拾掇，蔬菜瓜果都没事。说着，李老师露出了开怀的笑容。

蓟门情长，用"真"东西感染学生

李士敏 1987 年来到法大，上的第一门课是写作课。当时的学生高考分数比较高，来了让他们上写作课，学生觉得没有意思：在中学都学那么多年了，又经过了高考，难道还不会写作吗？看到学生不在状态，李士敏索性先不教专业知识，而是让每个同学先写一篇"作品"，然后她在课堂上匿名逐篇念，念了之后"装傻"，问，这篇文章写的是什么意思呢？同学们面面相觑，确实听不懂。她和同学们说："你们觉得写

---

[1] 现任职于中国政法大学人文学院综合办公室。

作不用学啦？不是那么回事。写作不好学，因为你必须得有一个整理—认识—发挥的过程，然后独立地把文章写出来。学法律，必须会表达。法律专业的学生应该更注重书面语言和口头语言表达。"李士敏用这"一棒子"打醒了同学们。在她看来，写作本不是别人教的一种技能，实际上应该是在认真广泛地读书而观察自然、观察生活和社会、观察人生的结果。写作写的是自己的内心，没有那么多条条框框。写作是发自内心的表情达意，跟中学老师为了高考规定步骤写出的文章是不同的。所以，同学们应该用心去写自己的东西。李士敏把这个思想贯穿在写作课中，对学生助益良多。这之后，她的写作课上得非常顺利。

李士敏注重案例教学，经常找好的文章、报告文学带学生们剖析，用举例子的方式吸引学生，在案例中让学生领会写作的章法，丰富又有趣。例如有一篇让她现在还印象深刻的文章——《扫地》，是讲佛教徒每天早上起来清扫院落，有个和尚扫着扫着，他觉得这就是"扫心地"——通过日日繁复、辛苦地扫地，体会到每件事的深层意义，从而净化了心灵。"学习的这个过程也是一样，层层递进，让同学们真正认识到'辛苦里头都有甜'。"李士敏也用这样的真诚去讲好每一堂课，深深影响了当时的学生。

李士敏提到，其实当时在学院路上课时，环境不是很好。复办后的学校里有北京歌舞团，还有一个戏曲团，老师们在教室里面讲课，外面就有吊嗓子的、唱戏的，出出进进好多跳舞的，很热闹。"学院路那里本来地方就小，乍一看都不像个学校。但当时我父母问我，觉得怎么样？我还是说挺好。因为当时的学生，真好。学校复办，刚刚恢复法学教育，学生挺有雄心的。他们入学分数特别高、上课特别乖，我就觉得太好了，我能够尽情地讲课了，这对于一个老师来说就是最好的。"就这样，带着一点憧憬，带着无限情怀，李士敏开启了她在法大的教学生涯。

▲2021 年 6 月，李士敏老师在昌平家中

军都拓荒，在"颠簸"中收获教学相长

经历了第一门课的"智斗"，后面上课的过程就越来越顺利了。但是学校在昌平建校，又给老师们的教学工作带来了一些挑战。回忆当时，李士敏说，"1988 年开始学校在昌平开课，有些老师不愿意要去，但是我觉得学生都在那边（昌平），不去怎么办？所以我一开始就接受了，踊跃表示要去。但是到昌平上课也是很苦，先骑车到学院路，再坐学院路的班车到昌平。当时的班车和现在不一样，现在班车有空调，还能走高速。那时候老师们坐的车真是特别破，路不好，颠着颠着窗户就开了，冬天特别冷，有一次还让当时的副校长解战原老师一路给关了十几次窗。到了昌平，洗澡要去国防大学洗。并且到学校（阳光商厦）那里都是小石子路，所以每次到昌平上课，如果老师穿的小跟鞋，就会磨坏，回去得修。但是，即使面对这样的条件，老师们还是非常有责任心的，心中都有一个信念，那就是绝对不能耽误上课。"

有一天，班车在西三旗坏了，很多老师打车前往学校，李士敏和其他老师打不到车，等坐上学校给派来的第二辆车到昌平时已经很晚了。老师们一路小跑，发现有些教室里已经没有学生了，但当她到她的教室一看，学生都坐在里面，她的眼泪一下子就下来了。李士敏说，"我觉得学生特别乖，都在那儿等着我，我也得和他们一起努力把课上好，我觉得师生都是相互的，我很感谢他们。"

学生喜欢她的课，李士敏也根据学校的要求开设了写作以外的一些课，比如当时需要把中华优秀的传统文化讲给学生，她思索许久，便决定在中国传统文化课的内容中加开有关民俗学的内容。学生特别感兴趣，课堂从来都是热热闹闹的，大家跟着她了解食文化、少数民族文化、丧葬文化、婚俗文化、瓷器文化，听讲特别认真。李士敏也让来自天南海北的同学介绍自己家乡的特色文化。有个学生特别聪明，讲到食文化、讲到川菜时，他说："我觉得川菜和北方菜的最大区别就是，北方菜是从菜里面挑佐料（把大料、花椒挑出来），吃川菜是从佐料里面挑能吃的菜。"李士敏觉得这孩子动脑筋了，认真思考了，所以总结得特有意思。"学生的兴趣、积极性上来了以后，上了一段时间的课，能够举一反三，能够有收获，就是让老师特高兴的事"，李士敏说，"教了半天没反应，这个感觉就很不好。"所以她后来在上课时也会看学生的"眼色"，学生一走神，就容易讲不下去；但是如果学生精力特集中，这节课就特别顺。这是"教学相长"，也是让老师们最着迷的地方。

德润桃李，不负人民教师初心使命

现年78岁的李士敏说，她1952年上小学、1968年大学毕业，应当是新中国培养的第一、二届大学毕业生了，对祖国、对教育事业都有着自己的理解，也一直饱含热情。她认为，大学就是带着学生去进取。学生大学四年最重要的就是要学会"自学"，别以后拿了书还不能够看、不能够读、不能够进取。"你有了自学能力之后，才能够说是一个大学毕业生。在大学，你才学多少知识？比如写作课就学一年，还有一些课可能就开一学期，老师讲一讲，你随便学学，最后一考试。如果没有自学能力，大学四年一晃就过去了。最后毕业时我问学生，你们学到了什么？有的学生说，老师，我觉得什么都没学。我就说，你说这个有点没良心，能说什么都没学吗？最起码应该说是学会了学习，会去武装自己。如果这个都没学到，那就是把老师的工作给抹杀了。"当然，学知识也不能学得死板了，还是得用，得会实践，这是李士敏一直在和学生强调的一点。包括后来的法律文书课程，学生从她的课中掌握了文书的写作要领和本事，受用终身。

2020年，学校去海南慰问入伍大学生时遇到了一位校友，他特别问起了李士敏老师，说李老师当时给他很多教导和帮助，留他在家吃饭，带给他很多温暖。李士敏知晓此事后，回忆起当时的场景，不无感慨。"我觉得我们学校的老师亏负学生的就是，一下课就进城了。班车一开，老师全走了，学生特失落"，她提到，"当时这个同学经常来问问题，我就觉得他这么喜欢学习，那就给他多回答，当时也还有别的学生，后来就留他们一块儿在我家吃饭。我还记得他是江西人，不爱说话，家里也挺苦的，但是特爱学习。学生既然爱学，我就给他介绍一些好书，一起聊聊。当然他现在已经非常优秀了，也很努力，从法大毕业后读了硕士、博士，现在在地方政府工作，前些天来北京时还来看我了，我觉得心里挺宽慰的。这也让我感觉到对学生来说，一个是知识，一个是感情的维系，对孩子的一生是有益的。"

七十年华弹指挥间，三尺讲台德润桃李。李士敏从大学毕业后一天都没有离开过学校，平平淡淡教书，但是很了不起。"我觉得我做一个老师，只是为国家做了一点点事，但是我的一生是愉快的"，她在采访最后笑着说，"好好教书，是我这辈子最值得骄傲的事，也是做得最正确的事。"

诚然，就像李士敏说的，自己教了一辈子书，是一个平凡的"教书匠"，只是为学校、为国家做了一点点事。但也正是因为有像她这样一心扑在教育事业中的老教师们，他们爱学生为己出，让学生在学习中体悟法大精神，在成才后积极服务社会，铭记践行"厚德、明法、格物、致公"这八字校训，在漫漫人生路上，令真理之花可以开在风雨之中、傲然在冰雪之后。

后记：

这是我第三次到李老师在昌平的小院看望她，前两次是跟着学院党委慰问离退休老师，听李老师谈了很多有趣的生活往事，也了解到她前两年与摔断的手臂神经进行"艰苦"斗争的过程。尽管年轻时吃了很多苦，但李老师对生活的热爱与乐观，深深感染了我们。

在这次与李老师长达三个多小时的交谈中，让我更为深入地了解了她的教书生涯和育人理念。合上记录本，关掉录音，我想起采访结束的那个午后——阳光洒进她美丽的小院，家常饭菜的香味萦绕在鼻尖，是朴素又踏实的幸福，也是笃定而不悔的人生。

60 载悉心守护，70 年风雨兼程

张欣然[1]

> 何长顺，1934 年生，1960 年毕业于北京政法学院，中国政法大学马列主义理论课教授，曾任校党委副书记，校学术委员会副主任，北京市第八届政协委员，市委研究室、首都社会经济发展研究所特邀研究员，第一届中国监察学会理事，第一届中国统一战线理论研究会理事，北京市统一战线理论研究会常务理事。

2021 年 6 月上旬，在中国共产党成立 100 周年之际，学校组织开展了"听老党员讲法大红色记忆"活动，引导一批熟悉党史、校史的老党员走进师生之中，讲爱党情感、讲党史故事、讲红色记忆，时任校党委副书记的何长顺作为其中的一员为证据科学研究院师生讲述了学校合并、改名的历史脉络。谈起这次校史讲授，何老依然激动，见到我们的第一句话就是："我们要永远记住法大历史，回顾学校发展史，校史学习这个环节绝对不能少。"

---

[1] 现任职于中国政法大学马克思主义学院马克思主义基本原理研究所。

▲何长顺于北京高校中国特色社会主义理论研究协同创新中心
（中国政法大学）接受采访

"65"—— 法大学子的母校情缘

1934 年，何长顺出生于河南省开封市的农民家庭，1951 年参加工作，1952 年 10 月加入中国共产党。1956 年中共八大召开后，单位动员开封市在职机关干部进入大学深造，为响应国家号召，何长顺最终在初步选定的中国人民大学与中国政法大学之间选择了后者。当被问及 65 年前这次重要选择的原因时，何老笑意满满地说："那时数学确实不是我的强项，但我喜欢读书，喜欢文科，法大是最好的选择。"带着对未来大学生活的憧憬，他与法大的第一次"遇见"并没有想象中的浪漫，"1954 年开始招收第一届本科生，我是法大的第三届本科生。当时的条件很困难，一些教职工的办公地点在地震棚，学生住在大教室里面，住宿条件很艰苦。"就是在这样艰苦的环境下，何长顺在北京政法学院完成学业，继而到中国人民大学进修一年后，毅然选择留在母校从事教学工作，自此开启了 60 余年的法大情缘。

课堂上，何长顺是亲切而有威严的，在法学院李超老师的印象中，何老总是"很随和，也很健谈"。由于工作关系，他不仅要承担本校的马列主义理论课教学，还要时常奔走于全国各地特别是政法系统，讲授以马克思主义理论发展史、中国革命史等为主题的思政教育课程，忙碌的教学节奏在何长顺的生活中似已成为常态，每每被问及教学期间的辛苦往事，他总是以云淡风轻的微笑回应，但身后那叠厚厚的证书和各式各样的奖杯，又仿佛以另一种方式向我们展现着他教学生涯的精彩点滴。

"180" ——法大复校的辗转艰辛

如果说在关于法大的回忆中，有哪件事让何长顺毕生难忘，那无疑是法大的复校过程。在他提供的访谈素材中，校史资料的数量占比最高，他在采访中也反复强调，这段历史在法大校史学习过程中是绝对不可缺失的："我们要永远记住法大历史，回顾学校发展史，校史学习这个环节绝对不能少。"

20世纪70年代初，北京政法学院曾有约五百多名教职工迁移安徽工作并在京设立北京政法学院留守处。1978年，最高人民法院、最高人民检察院、公安部、教育部四部委发文《关于恢复北京、西北政法学院的请示报告》，请示恢复北京政法学院并得到北京市委支持，校园仍用原校舍，学制四年，在校学生规模约1600人，面向全国招生，学院暂存在首都图书馆的图书也得到了完好保存并收回。

> 国务院：
>
> 遵照党中央批转《第八次全国人民司法会议的纪要》中"关于恢复政法院、系，培养司法人才"的指示，我们就如何恢复政法学院的问题进行了认真的讨论。
>
> 大家一致认为，中央这一指示对于改变当前政法干部"青黄不接"的状况，贯彻新宪法，加强社会主义法制建设，更好地实现新时期总任务，意义十分重大。我们必须坚决照办。除西南政法学院已经中央批准恢复之外，全国还需要恢复北京、西北、华东政法学院……政法院系仍照原高教，高等教育部（65）高计事密字第362号通知，按绝密专业政审标准录取新生，以保证学生的政治质量。

除华东、中南两学院待与上海市委、湖北省委商妥后，再报批之外，现将恢复北京、西北政法学院的意见报告如下：

北京政法学院已商得北京市委同意恢复，仍用原校舍，学制为四年，在校学生规模 1600 人，面向全国。北京市文化局所属单位占用该院部分校舍，北京市委已经同意撤出。该院原有教师基本上在北京市内大专院校或机关，应根据教学需要，调回一批教学骨干力量。* 该院交首都图书馆的图书至今封存未动，全部收回。

……

北京、西北政法学院实行最高人民法院和所在省市双层领导，以最高人民法院为主。所在省市高级人民法院、人民检察院、公安局，要积极协助办好两所政法学院。

以上意见妥否，请批示。

（最高人民法院、最高人民检察院、公安部、教育部四部委发文《关于恢复北京、西北政法学院的请示报告》）

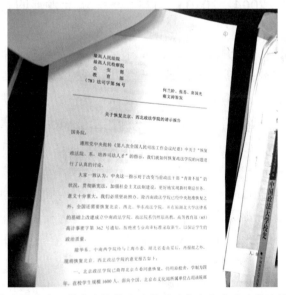

▲最高人民法院、最高人民检察院等关于恢复北京政法学院的文件

---

* 据何老讲述，此处信息有误差，该院原有的教师实际上大部分在安徽。

但是，即便恢复工作在硬件与政策上得到了北京市委与各部委的大力支持，却在教职工数量上仍存在较大缺口。"180"——这是何长顺记忆中关于准备恢复北京政法学院时教职工的大致规模，而这对于一所大学而言，显然是远远不够的。为了尽快弥补人员缺口，中央政策支持学院从外省市引进人才80人，另有研究生毕业生80多人留校，加之西南政法学院、西北政法学院和华东政法学院的毕业生也有部分加入了北京政法学院，就此将北京政法学院的教职工数量扩充至相应规模，为1983年北京政法学院、中央政法干校合并组建成立中国政法大学奠定了基础，在改革开放的大背景下帮助中国政法大学迈入崭新篇章。

回望这段历史，何长顺感慨良多，他既是这段历史的亲历者与见证者，又是法大复校与再次走上发展轨道的建设者与支持者。在他心中，自己的人生是同法大曲折发展的经历相互映照的，法大人的成长与法大的发展始终紧密联系、水乳交融。

"1993、2004、2010、2021"——法大发展的长久关切

工作期间，何长顺曾任校党委副书记，主管学校的人事工作，并同时担任校学术委员会副主任，北京市第八届政协委员，市委研究室、首都社会经济发展研究所特邀研究员，北京市统一战线理论研究会常务理事，第一届中国监察学会理事，第一届中国统一战线理论研究会理事等职务，为法治国家建设做出重要贡献的同时，通过多种形式对外传递着法大声音。他于1997年政协北京市第八届委员会第4次会议至第5次会议期间参与提出的《关于要求市委、市政府立项建设北京市社会科学活动中心案》被评为优秀提案。除此之外，作为校领导，何长顺还于1993年、2004年和2010年连续三届参加校党代会，于1993年当选第五届党委委员，并在2004年和2010年召开的第六次和第七次党代会上分别以离退休分党委代表、校离退休老干部代表的身份为法大发展建言献策，2021年6月上旬，年近九旬的何长顺还参与了学校组织的"听老党员讲法大红色记忆"活动，为证据科学研究院师生讲述了学校合并、改名的历史脉络，讲爱党情感、讲党史故事、讲红色记忆，帮助师

生理解我校与党同呼吸、共发展的历史进程。

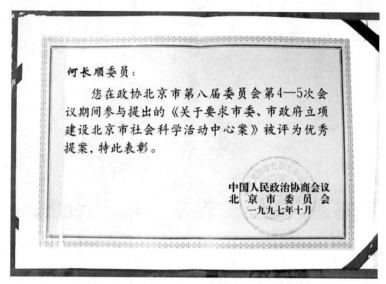

▲何长顺的提案曾获评北京市政协优秀提案

对于法大近 70 年来的建设成果，何长顺表示高度肯定，而在谈到法大未来的发展愿景以及青年教师该如何履职尽责、立德树人时，他指出："2017 年 5 月习近平总书记考察法大，总书记的讲话很有分量，今后我们学校要继续贯彻习近平总书记的讲话指示，不断探索立德树人新高度，继续引领法学教育新发展，推进创新发展中国特色社会主义法治体系研究。"与此同时，他也不忘嘱咐法大的青年教师要深刻理解法大精神的内涵，不忘初心、砥砺奋进，在面对新的教情学情时继续坚持和发扬法大艰苦朴素的优良作风，并将这种精神传递给学生。而在被问及法治中国建设过程中法大应扮演什么样的角色时，作为一名拥有近 70 年党龄的老党员，何长顺强调："党的领导和法治建设是一致的，建设法治中国必须始终坚持党的领导，将依法治国贯彻到各个领域中去。在未来的法治中国建设中，法大的贡献是全方位的。"

▲何长顺获颁"光荣在党50年"纪念章

作为何长顺的后辈与学生，李超老师说道："何老学习工作的年代，基本伴随着法大诞生和成长，也伴随着中国法治发展的萌芽、挫折和复苏进程。作为一个法律史学的研究者，能感受到他保有的那份中国士人的基本品质：诚信、坚守，对友情的珍惜，对后辈的关乎！"何长顺作为高校教师与行政工作者，承担了教学与行政的双重角色，服务母校60余载，守护法大初心不变，用一个甲子的辛勤汗水回馈法大师生，用赤诚无私的奉献精神践行党员的责任担当。采访中，每每回忆起自己与法大的点点滴滴，何老总是谦逊低调，反复强调："不要把我写得太好。"在他的身旁，一枚"光荣在党50年"纪念章熠熠生辉，为这份谦逊与低调增添了几分历史的厚重，提醒我们眼前这位鹤发童颜的老人所经历的那段难忘的法大记忆。

后记：

第一次听到要采访何长顺教授，心里不免紧张。2021年6月20日的下午我们在科研楼6层见到了何老。何老耄耋之年，身骨硬朗，精神矍铄，为我们带来了丰富的资料，讲述法大建校发展的校史故事，揭开法大历史上并不常为人提及的尘封往事。

在近两小时的访谈过程中，我深感一位法大人所肩负的光荣使命。对于何长顺教授而言，他与法大的情缘仍在续写。在同何老交谈时得知，退休后何老依然关心着学校的发展建设，年近九旬的何老 6 月还参与了学校组织的"听老党员讲法大红色记忆"活动。每当谈及法大如今的建设成就，老先生的眼中便满是欢喜与欣慰，作为一名在法大工作 60 余年的学者，法大的发展早已与老人的人生际遇紧密联系在一起，而作为 60 余年法大的守护者、建设者，法大今日的成就也是对这位老人的情怀与守望最好的回馈。

此外，特别感谢法学院李超副教授、王世柱老师以及王冉同学对此文的支持与协助。

纵光阴远去，每每提及总是暖色

蒋勃苏[1]

❦

> 齐东平，副研究员，1984年11月调入中国政法大学，先后任职于中国政法大学进修生院、监察审计处、人事处，1992年校党委统战部成立，成为首任校党委统战部部长，直至2002年12月退休。

齐东平老师在法大工作了18年，其中10年在统战部，是统战部的老部长。作为部门后辈，与其说这是一场采访，不如说是向前辈"取经"学习，在与一位老法大人的交流中将这里的历史和精神传续下去。言谈间，对于一些细节，已近杖朝之年的齐老师会凝视前方，一言不发，思索回想，宛若深情的回望，穿越历史重重帘幕，回到当时当地。听着齐老师细细地讲那不曾知晓的人名和不曾听闻的故事，突然就心生感动——想来是曾经实在用心地付出使得人生尺轴上留下了刻痕，才能经住岁月磨洗，在记忆中辨出那触动过自己的诸多细节，仍历历在目。

进修生院：条件实苦却颇具成就

"为什么说我们是中国法学教育的最高学府，没经历过这一段的人想不到，因为本科生教学、研究生教学、在职干部培训法大都涵盖了，全国五家政法院校，除了法大别的都不具备培养在职干部的资格，这就

---

[1] 现任职于中国政法大学党委统战部。

相当于我们既培训全国公检法司的在职领导干部，又培养政法系统的后备力量。""培养在职干部"指的是在法大历史上只存在了两年，却留下浓墨重彩一笔的中国政法大学进修生院。

1983 年时任司法部部长的刘复之向党中央报告，申请组建中国政法大学。中央批准了这一报告，并提出把中国政法大学建成全国最高法学教育中心，决定以中央政法干校为基础建立中国政法大学进修生院，以北京政法学院为基础建立中国政法大学本科生院和中国政法大学研究生院。这就是当时名闻全国的中国政法大学一校三院的格局。齐东平1984 年调入法大进修生院，开启了与法大的缘分。作为这段历史的亲历者，他说"缺老师教课，办学条件差，生活很艰苦"是对进修生院最深的印象。

"那时只有进修生院在昌平。我记得是刘复之院长向中央申请，政法大学昌平新校建设是列入'七五'期间国家重点建设项目之一的。那时文科类院校规模都很小，最大的才 200 亩地，可国家一下子给了政法在昌平的 500 亩地！还给了'中国政法大学'这个名字，要知道咱们原来是'北京政法学院'，现在一下子面向全国了。大家现在都知道，全国有五个政法院校，命名都是地区性的，像'西北政法''西南政法'这种，只有我们是'中国政法大学'。我来的时候昌平新校还没动工，进修生院为了正常开展教学就先在西环里买了两栋楼——西环里 15号楼、16 号楼——作为临时校舍招生办学，在那个小区的最北侧，进修生院开始办第一届'大专班'(给学历的)。"

齐东平至今都能清晰地讲出洗澡要走几里地借澡堂，供暖不足大家冬天披着棉被在宿舍看书，食堂面积有限使得学员和教员都只能打饭回去吃，预制水泥板搭建的临时简易教室被大风刮掉了一块天花板，与正在讲课的王家福老师"擦肩而过"等故事。然而面对师资匮乏、基础设施简陋、后勤保障有限等诸多不利情况，进修生院的学员却得到了最优质的教学资源。"面对困难，我们要发扬艰苦奋斗的延安精神，走抗大道路，一定要把进修生院办好。"老院长郝双禄的话，齐东平一直记得，当时他们也是这么践行的。进修生院上下克服种种困难，艰苦奋斗，并请到了现在看来都堪称"天团"的教学团队。"我们邀请到人民大学刑法学教授高铭暄，社科院民法学教授王家福，咱们的民法学教授江平，经济法学教授徐杰，宪法学教授廉希圣等'大咖'给学员授课，哪个政法院校的学生能听到这么多全国顶级法学专家教授讲课？没有，只有我们进修生院的学生享受到了！"齐东平言语中满是自豪之情。

"中国政法大学进修生学院第一期大专班共有学员 186 人，副处级以上有 36 名"，齐东平认出了在抗疫大战中临危受命的湖北省委书记应勇同志，"他就是我们第一期大专班的学员。"

▲齐东平老师在学院路校区老一号楼民主党派办公室接受采访

统战部："没辜负党交予的这份事业"

中国政法大学是北京较早设立党委统战部的高校之一，1992 年 4 月校党委统战部成立，齐东平成为首任党委统战部部长。那时候算上他部门一共才两个人，很多事情都需要亲力亲为。齐东平说他开展工作最常用也最管用的"土办法"就是见面交流。除了每学期面向统战成员召开学习座谈研讨会、意见征求会等，他总是有机会就找大家谈谈。每当有新调入的统战成员，就主动联系见面，联络感情；为解决学校各民主党派基层组织"青黄不接"的问题，逐一约各民主党派负责人面谈，帮助他们综合考量自身党派界别特点等情况，加强自身建设；为争取院系对工作的支持，做好统战理论政策宣传，每个月还亲自去各个学院发统战杂志《诤友》，"顺便"和学院党委书记聊聊天，了解统战对象基本情况，同时"也在交流中表达，希望学院组织思想政治学习活动时能想着他们，多给予他们锻炼的平台和机会，多提供条件支持他们发挥作用"。这样的日常交流还有很多，看似无关紧要却潜移默化地为学校统战工作开展夯实了基础。

有时，统战成员反映的意见建议需要校领导协调解决，齐东平就直接去找领导谈，言语耿直。"后来书记校长见到我就跑"，齐东平自己说着都乐了，"但每次领导都给了咱们支持帮助。"统战工作开展得好，必然离不开校党委的领导和支持。部门成立之初，有教职工对统一战线尚未建立正确认识，是时任校党委副书记李殿勋的话给了他开展工作的"定心丸"："大学是知识分子成堆的地方，党的方针是集中力量搞经济和文化建设，你不团结知识分子能行吗，搞民主政治建设，各级人大政协参政议政离开党外知识分子行吗，咱眼光不能停在解放思想前啊！"

高校是统一战线培养、选拔代表人士的源头和重要基地，为帮助我校党外知识分子在社会政治生活中发挥更大作用，齐东平积极推荐我校中青年党外代表人士参加上级单位组织的教育培训、调研考察、挂职锻炼等活动，协助做好推荐人员的考察工作。"能推荐就尽量推荐，能争取就尽量争取，学校多一个使用安排的统战对象，就给学校多添一份社会影响力！他们每个人背后都是法大，这不就相当给咱法大打广告了嘛！"无需言明，那份对法大质朴的情感和爱护的心早已自然而然流露于话语间。

统战部成立六七年后，我校成为北京为数不多的拥有从全国到市级再到区级各级人大代表或政协委员的高校，从基层发力，为巩固新型政党制度贡献了法大力量。现在我校颇具影响力的党外代表人士，如国务院参事焦洪昌老师、北京市海淀区政协副主席王玉梅老师，正是那时冉冉上升的新星。"我很感谢齐老师当时能推荐我出去，发挥专业所长做一些建言献策工作，让我收获很多。但齐老师总是特别谦和地说这是统战部的职责，让我不用谢他。统战部这些年既积极又温暖的工作方式一直激励鼓舞着我。"王玉梅老师如是说。

对法大最想说：感谢

"我很感谢法大。"齐东平略作沉思后一字一字认真地说。来到法大后齐东平说自己"站得高看得远了"，在工作中对中国特色社会主义民主法治有了更深刻的认识。虽然不是法学科班出身，未直接从事教学科研工作，但在进修生院时，为了写讲话汇报等文稿、做学生工作时体现专业性，他常常"自我补习"。"我买的第一本书是《法学通论》，后来刑法、民法都有看，虽然学得不深不透，但至少写文章绝不出外行话。"就这样，在不断自我补习中齐东平拓展了自身的知识体系，从一个对"公检法司"只有笼统认知的"门外汉"转变为社会主义法治建设的"添砖人"。这种学习态度也贯穿了他整个工作生涯，到统战部后，他更是积极了解统战政策文件，后来北京市高校统战理论研究会编撰的《邓小平理论与高校统战工作》成果汇编中也收录了两篇他的调研理论文章。

2022 年是齐老师退休的第 20 个年头，但他却从未远离法大，只要时间允许总是积极参与统战部组织的各项活动，身体力行予以支持；身为离退休工作处第三党支部书记，参加"三会一课"学习，慰问老党员，带头响应抗疫防疫捐款，忙得有声有色。

后记：

本想为齐老师方便，将访谈约到老师家附近，没想到齐老师说，还是约在学校学院路办公室吧。即使自己坐车要 20 分钟，但齐老师基本上每周都要回一趟学校。虽未言说，但法大早已成了齐老师生活中的一部分。

什么是情怀？是曾经在其位谋其职，为法大尽力多办实事多争取的实在；是该说就说的耿介态度所彰显的朴素情感——希望每位法大人好，更希望法大好；是耄耋之龄回忆起曾经走过的岁月依然历历在目的清晰和语调难掩的激动。

让时间来表白，用岁月来镌刻，纵光阴远去，听齐东平老师讲述，法大是熟悉、亲切且温暖的。何需言语，这已是对法大最真挚的情感。

忆
人

军都山下育桃李

蓟门桥畔点春秋

芬芳桃李路

忆与恩师和师母相处的几件小事

时建中[1]

徐杰，中国政法大学教授、博士生导师，著名经济法学家，中国经济法学科奠基人、开拓者，全国杰出资深法学家。1984 年和 1993 年，经国务院学位委员会批准，牵头先后建立了中国第一个经济法专业硕士点和博士点，1985 年创建我国法学院校中的第一个经济法系，并担任首任系主任，为我国的经济法学科建设和人才培养做出了杰出贡献。

严端，江苏省南通人，中国著名刑事诉讼法学家，中国政法大学教授、博士生导师。

今天，恩师徐杰教授逝世一周年。我很想念恩师和师母严端教授。写了几件小事，怀念恩师和师母的教化与呵护。

徐老师的嗓门真的很大

1991 年 9 月到 1994 年 3 月，我在法大攻读经济法硕士学位。那时，研究生是由导师组集体指导的，直到撰写学位论文时才根据选题确定论文的指导老师。所以，我们 91 级经济法专业 11 位同学与本专业的所有导师都很熟悉。除了在课堂上接受老师们授业解惑，还会在校园随时偶

---

[1] 现任中国政法大学副校长。

遇，甚至会被老师们叫到家里耳提面命，有一种大家庭的感觉，令人怀念。我那时是 91 级经济法专业的学生负责人，与徐老师和戚天常老师、黄勤南老师等接触交流非常多。

徐老师时任经济法系主任，经常把各种学术活动的最新动态带给我们。20 世纪 90 年代初，通信并不发达。91 级硕士生住在一号楼，我和其他三位同学的宿舍在该楼三层西段的 312 房间。一号楼 101 房间是传达室，只有一部电话，接打电话非常不方便。至于移动电话，那时的我闻所未闻。徐老师有事找我，若打不通电话，就会直接疾步来到宿舍楼。上了二楼，站在二楼的东段楼道门口，中气十足地大声喊我的名字，响彻整栋宿舍楼。有时候，同学们还模仿徐老师喊我。徐老师的声音大小是有规律的，事情越严肃，嗓门越大。当然，徐老师唱歌时嗓门同样很大。很幸运，我多次听徐老师高歌过《九月九的酒》。

可惜，我再也听不到徐老师喊我的声音了。

徐老师鼓励我吃了一个猪肘子

我很幸运，在读博期间，经常跟随徐老师参加学术会议，帮助徐老师准备一些会议材料，收获极大。每次和徐老师讨论完相关话题，都有机会改善伙食，或者留在徐老师家里吃饭，或者在法大第二食堂——贵友酒家就餐。在 20 世纪 90 年代初期，能在贵友酒家吃饭，非常令人期待。在硕士后期、整个博士期间，乃至徐老师去世之前，跟着徐老师蹭吃无数。对这些往事我记忆犹新，例如，大概是在博一的某一天上午，我在徐老师家里准备一个会议发言稿，快到中午时，徐老师提议到贵友吃饭。我们师徒俩坐在一个两人的餐桌，徐老师点了贵友酒家的一个名菜——"荷香肘子"。徐老师只是象征性地吃了一点肘子皮，在他的亲切鼓励下，整个肘子被我消灭得一干二净。

每次和徐老师一起吃饭，在他慈祥的关切目光下，我总是吃得那么肆无忌惮、酣畅淋漓。

被我弄折一条腿的小方木几是徐老师亲手制作的

自我 1991 年来法大学习和工作之后，亲历了徐老师两次搬家。第一次是从学校北门附近不足 40 平方米的两居室搬到了新家属区近百平方米的三居室，第二次则是搬离学校家属区入住工体附近。无论是蜗居在两居室还是居住在家属区的三居室，徐老师家沙发边上总有一个黄色的小方木几，大概有 60 公分高，桌面或许有 40 公分长、30 公分宽，由四条纤细的木腿支撑着。

我去徐老师家接受耳提面命或者帮徐老师准备材料、校对书稿时，多数是坐在沙发上，把纸质资料、书稿或者后来的电脑放在这个小方木几上。有时，徐老师会把给我准备的水果也放在木几上。甚至，我和徐老师在这个木几上共进过多次午餐和晚餐。

可是，大概是 2002 年的一天下午，我和徐老师一起修改文章，要把这个小木几搬到沙发前用来放置资料。一不小心，我被地毯绊了一下，身体失衡之后，这个小木几只有一条腿着地，一下把这条腿给弄折了。当时，我真的很紧张、自责。

师母严端老师一边安慰我，一边讲了这个小方木几的来历：徐老师当年被分配到京郊一家工厂，在那里，徐老师学过做木工活。这个小方几就是徐老师学做木工后期的作品，好像也是徐老师留下的唯一木工作品。这段经历，我只是零星地听严老师讲过，徐老师从未和我提及过。我虽然好奇，但也没有主动问过徐老师。

徐老师虽然从未向学生们提及那 20 年的具体经历和艰难境况，但是，徐老师经常说他很羡慕我们有这样的学习和研究的机会。他自己重回讲台时已经 45 岁了，唯一应该做的就是把失去的补回来。

我理解，徐老师不想被过去羁绊，而是以一种更为积极的方式告诫并激励我们要珍惜时间，要坚持学习，要追求学术进步。

严老师对我和徐老师合作的手稿有些"鄙视"

在个人电脑普及之前，即使在 20 世纪 90 年代中期，写作就是"爬格子"。那时的稿子有两种，一种是 400 字的稿纸，一种是 800 字的稿纸。"爬格子"不像如今用电脑写作这么随意，正式的稿纸不是随处可得，质量高一些的稿纸更是难求。我记得进入写作硕士学位论文和博士学位论文阶段，学校都要给同学发放稿纸，得节约着使用。现在用电脑写作，觉得不合适，直接删除即可，即使有修改，也看不出痕迹，除非专门为了留痕而使用修订模式。当年"爬格子"，下笔之前要认真遣词造句，否则，后期修改之后，纸质的稿子会面目全非到自己都难以识别的程度。为了便于识别，徐老师还专门教我使用编辑修改的符号。我一直认为，在稿纸上"爬格子"比电脑写作更锻炼文字能力。

硕博期间，在帮助徐老师准备材料时，往往是这样的过程：根据主题先列出文章的提纲，徐老师先给我讲每一部分的主要观点、内容和思路。基于徐老师的这些指导，我在熟悉相关文献的基础上开始"爬格子"。我把写好的初稿带到徐老师家，请徐老师审阅。徐老师背靠沙发，一页一页地看，一页一页地提出修改意见。我则坐在沙发上，趴在前面提到的小木几上，一页一页地修改。徐老师认为我修改得不到位的地方，则像我一样，也趴在小木几上，亲自动手修改。因为是在稿纸上修改，无论是删除、插入、重新排序，都要呈现在稿纸上，有时，稿纸的留白部分不够，还得接一块甚至几块纸补丁。一篇文章往往要经过多次修改，稿纸常常是目不忍睹。

有一次，在徐老师家用了一个下午修订了一份已经修改多次的稿子，稿纸就像被涂鸦过一样，只有我和徐老师可以完整地阅读下来。有时，我们也不能保证阅读流畅。那天严老师下班回来，看到了我们的稿子之后，有些大惊失色，连声说脏乱差得难以置信，谁编辑我们的稿子，谁都会晕倒。严老师一边"笑话"着我们，一边把她自己的手稿展示给我们，很得意地让我和徐老师欣赏。我记得是严老师和陈光中教授合编的《中华人民共和国刑事诉讼法修改建议稿与论证》的部分手稿，整洁到难以置信，没有一处修改的痕迹，稿纸的留白处没有一个编辑符号。徐老师硬说我们的手稿有自己的特色、自己的风格。转过身，徐老师小声对我说，我们学不了严老师。严老师手稿的整洁，证明了严老师的严谨。我和徐老师的手稿虽然"一塌糊涂"，但是也从一个侧面说明了徐老师的一丝不苟。后来，严老师指导我，若文章的难度较大，一定会反复修改，可以考虑用铅笔来写，不合适就用橡皮擦掉，这样就可以保证留在稿子上的文字就是自己最想表达的。但我深知，如果学术功力不够，思考不够深入，逻辑不够严密，做不到字斟句酌，即使用铅笔和橡皮，稿纸也难以像严老师的那样整洁。

遗憾的是，严老师的手稿现在不知在哪里？若能找到，可以保存在图书馆或者校史馆，让大家一睹"法大四大才女"之一的学术风采。

我陪徐老师和严老师最后一次离京外出

2018 年 11 月 23 日，是徐老师和严老师生前最后一次离京外出，前往广州。这次外出，策划了很久，主要是徐老师考虑严老师对长途旅行的承受能力，不过最后还是决定出行。这次出行，由我一人陪同 85 岁的徐老师和 84 岁的严老师，用如履薄冰形容我当时的心理感受，并不夸张。

当天我们搭乘 CA1327 航班，14 点从首都机场三号航站楼起飞。按照我的出行习惯，提前两个小时即可。可是，徐老师在 10 点左右就告诉我，他和严老师要出发了。我匆忙收拾行李、约车，还是比徐老师他们晚到了半个小时。到了机场才意识到，徐老师和严老师之所以提前很多赶到机场，就是因为自觉行动不再快捷，早一点到，可以更从容地办理相关手续，也可以减轻一些我的压力。

在机场贵宾休息室找到座位后，徐老师为严老师取了一杯茶和一点水果，我为两位老人拍了合影，并请服务人员帮我们三人拍了合影。可能是太久没有远行了，严老师在休息室显得有些不安。距离起飞还有近一个小时的时候，徐老师就提议前往登机口等候。在登机口，我给严老师拍了一张单人照。严老师过目后，说我把她的眼睛拍小了，让我重拍，严老师当时的表情既严肃又可爱。登机之后，严老师反倒放松了些，对窗外的景色很感兴趣。我现在隐约记着，严老师在飞行中没有睡觉。到了广州，没有办理入住手续，直接到了当地好友预定的餐厅。徐老师和严老师都有一些疲倦，但是依然关心晚辈们的近况。其间，严老师几次问我何时返京，问她和徐老师何时返京。因我 25 号在京有会，24 号即返京，未能留下陪两位老人。按原计划，徐老师和严老师要在广州多待几天。可惜，严老师已经不习惯在外，徐老师也不想给当地学生添麻烦，两位老人 25 号就返回了北京。

回忆起这次远行，我觉得自己很幸运。

与师母和恩师的最后餐聚

师母严老师是在 2020 年 6 月 24 日早上去世的。2020 年 6 月 18 日中午，我有幸和徐老师全家在中国大饭店共进了午餐。听徐老师家人讲，这是严老师最后一次外出聚餐。我忘记了从何时起，每一次和徐老师、严老师吃饭都要拍照留念，可惜这一次我只和徐老师合了影。我现在还能回忆起严老师坐在饭店大堂的沙发上侧着身子和我打招呼说再见的情景。

2020 年 9 月 17 日晚，我和几位同门师弟师妹陪徐老师和段瑞春老师在中国大饭店小聚。那天，徐老师的精气神远不如从前，满脸疲惫，但是并无大恙。如同过去一样，徐老师给我们每人都发了一张消毒纸巾，特别提示并监督我擦了手。为了活跃气氛，我们还起哄鼓励徐老师喝了三小杯白酒，大概有半两。段瑞春老师和徐老师都曾长期担任中国科学技术法学会主要领导，段老师曾作为中方主要谈判代表之一，参加了 20 世纪 90 年代初中期的中美知识产权谈判。期间，我邀请段老师专门以此为主题，到法大做一次讲座。徐老师认为，段老师的讲座以史为鉴，很有必要，要求我组织好。徐老师还和我们一起回顾科技法、中国科学技术法学会的发展历程，同我们一起海阔天空地漫议了中美关系。临别时，我们还和徐老师约好了过一段时间再聚。

9 月 20 日，徐老师因为心脏不适住入协和医院。因为徐老师不仅无器质性的问题，而且最近一次体检的指标都非常好，所以，我们认为徐老师住院休息几天就可以康复了。未曾想，心力交瘁的徐老师竟然在2020年9月23日早上去世。不足百日，师母和恩师相继离世，心扉痛彻，无以言表！2020年9月17日的小聚，成了我们和徐老师共进的最后一次晚餐。

严老师去世之后，徐老师非常平静但认真地告诉我，他和严老师生前有共识，百年之后，要把骨灰撒在南通的入海口。徐老师当时还说了很具体的撒放位置，应该是南通市狼山附近的入海口。

听了他们返归纯净的决定，较过去，我对徐老师和严老师荣辱不惊人生态度的理解又深入了一些。我想，或许恩师与师母的学识、涵养以及曾经沧海的人生经历，让他们如此淡然于心、从容于表。

曾尔恕与法大结缘的四十年

胡小进[1]　齐　欣[2]

> 曾尔恕，中国政法大学教授，博士生导师。1982年中国政法大学法制史专业硕士研究生毕业后任教于中国政法大学法律系，曾担任校学术委员会委员，中国政法大学图书馆馆长，两届全国外国法制史研究会副会长，中国监狱学会监狱史学专业委员会委员，全国政法院校图书馆协作委员会主任。2012年退休，受聘为博士生导师，并任中国政法大学党建督导组组长、侨联副主席。

自1979年来法大求学，至2012年退休，后受聘为博士生导师，并任校党建督导组组长、侨联副主席，曾尔恕教授与法大已携手走过逾四十载。在她看来，自己与法大早已融为一体。

成为第一级硕士研究生

1978年，停办了10年之久的北京政法学院恢复办学。第二年，开始招收研究生，曾尔恕也开始了与法大的结缘之路。当年10月，一行35名来自祖国四面八方、有着不同学历背景和工作经历的学生，分7个专业（法学理论、民法、刑法、诉讼法、法制史、政治学、经济学），成为北京政法学院第一级硕士研究生。

---

[1]　中国政法大学人文学院历史研究所教授。
[2]　现任职于中国政法大学党委教师工作部。

即便已过去逾40年，曾尔恕仍清晰地记得当年参加研究生入学考试的情景。"那年6月初，我在河北宣化参加了由张家口教育局组织监考、为期3天的研究生入学考试。记得第一天是英语考试（主要是语法和英汉互译）和语文考试（主要是古代汉语和作文）；第二天上午是国家与法的理论考试（主要是国家与法的基本概念、资产阶级民主的实质、对阶级斗争与无产阶级专政理论的理解等问题），下午是法制史考试（根据报考方向，试卷分中国法制史和外国法制史两个方向）；第三天是政治考试（主要问题是关于马克思主义认识论与党的群众路线、当前调整国民经济的必要性、坚持四项基本原则与继续解放思想）。"在她看来，"这些试题经典地代表了当时我国法学教育的关注点。"

谈及当年这批研究生的来由，她说道，"学校招收、培养这批研究生的主要目的，是迅速补充国家最急需的法学教育人才，满足国家在依法治国、恢复经济建设发展上的需要。因此，包括我在内的当年法制史研究方向招收的4名硕士研究生在毕业时都留在了法制史教研室。"

"听课是去朝圣"

曾尔恕的硕士论文指导老师是潘华仿老师。"潘老师在20世纪60年代去安徽劳动时因患脑卒中而偏瘫，此后不能自由行走。所以，我和同窗陈丽君与潘老师初次见面是在铁狮子胡同3号的一个当时为文联占据着的老院子中不大的居所里。"谈起潘华仿老师，曾尔恕总是动情。"潘老师的居室窗户很小、光线幽暗，总要开着门，除了必要的生活用品几乎没有什么陈设。为了争取时间多讲、多听一些内容，每每进门后我们与潘老师都不多寒暄，马上进入课堂状态。由于偏瘫，潘老师写字很吃力，但是他总要为每次上课准备一大摞讲稿！虽然讲课对象只有我们两个人，但他就像面对一个礼堂的学生那样用力大声讲解，直到口干舌燥。潘老师因为身体原因行动不便，讲课中间他很少喝水，只是偶尔沾沾水杯、咂咂嘴巴。"直到现在，回忆起每周两次走到北太平庄换乘两次车到潘老师家去上课的感觉，曾尔恕和陈丽君都还是异口同声地说："那是去朝圣！"

在曾尔恕的印象里，潘华仿老师的记忆力卓尔，博览群书且笔耕勤奋，在《英美法论》里即收录了潘老师 17 篇研究论文。这些论文既包括西方法律思想，又包括英美政治制度，还包括英美契约、侵权、信托、破产、代理等法律制度。"这些文章虽然以英美法为研究对象，但引发这种研究的却不只是探索外国知识的热情；虽然它们体现了个人的一些研究兴趣，但是某些选题的确定又并不总是那么个人化。在一定程度上，它们也反映着潘老师对中国社会与法制发展的感受，表达了一个学者对这种发展加以回应的努力。"

后来，曾尔恕的硕士毕业论文也参考了 10 部英文原著，并且刚毕业就在潘老师的指导下参加了《当代世界政治思潮》和《外国法制史》教材的写作。"那时我看的英文原著，几乎全部是我用潘老师的借书证借阅到的。那些书都是 20 世纪 70 年代出版的、只有在北京图书馆才能看到的图书。"谈及这些，曾尔恕仍充满感激之情。

开放的比较法研究

谈及令她印象深刻的老师，曾尔恕立马想到了当年为他们讲授大陆法系国家法律制度史的任课老师——许显侯。"许老师思想敏锐，在学术思想上敏捷、开放。我想这一定与他祖籍是福建沿海，受到了侨乡一以贯之的对外文化交往频繁的传统影响有关。"

许显侯老师关注 20 世纪的世界法律多元化进程和国家大事，1981 年在《人民日报》《百科知识》上发表过多篇介绍外国法律制度的文章。而在学习与研究的方法上，许老师则提倡比较的方法，"当今世界不同法系、不同国家法律制度的变化是很快的，新兴的部门法纷纷出现，并占据了重要的地位……通过比较研究就有可能利用这方面的立法经验。"他曾在 1986 年的《政法论坛》上发表《论比较法学与法制史研究》，强调法制史与比较法的关系。曾尔恕说："他认为从不同的研究对象看，比较法学与法制史学科不能等同，但又紧密相联。比较法研究需要法制史提供系统科学的史料，法制史研究则需要运用比较的方法和比较法的研究成果；比较法学侧重对现代各国和不同法系之间横的研究，侧重抽象概括的研究，法制史学科则着重对法律进行纵的、历史的研究，侧重实体的研究。"正是秉持着这种理念，中国政法大学的外国法制史博硕士论文在后来均无一例外地注重运用比较的方法为我国的特色社会主义法学发展提供服务。

在曾尔恕看来，许显侯老师的不保守还表现在他与学界同行保持着广泛、活跃的联系。"他年近70岁还骑着摩托车去北京大学、中国人民大学登门请法律史名家来校讲课及参加论文的答辩；他介绍教研室的青年教师赴西南政法大学交流取经；1984年他还带毕业不久的陈丽君和我参加在厦门召开的全国外国法制史研究会第二次年会。"正是在这些学术交流中，曾尔恕更近地接触了学界的前辈，并与许多外国法制史学界同仁结下了持久的友情。

"学习法制史要坐得住冷板凳"

令曾尔恕难忘的还有曾为她讲授中国法制史、被称为"法大四大才女"之一的薛梅卿老师（其他三位分别是教授婚姻法的巫昌祯、教授刑事诉讼法的严端、教授法理学和宪法的孙丙珠）。曾尔恕提到，"印象深刻的是她每次给我们上课都会带着一大摞沉甸甸的图书资料；下课之前总会留一点时间专门强调加强专业思想的重要性；也常常叮嘱我们'学习法制史要坐得住冷板凳，要耐得住寂寞'。"

留校初期，曾尔恕对三尺讲台比较陌生。针对这种情况，她所在的法制史教研室建立了听课制度，不但要求教研室主任听每位老师的课，而且强调青年教师必须向老教师学习、听老教师的课，青年教师之间也要互相听课。在曾尔恕印象中，"薛老师的课讲得很好，不但声音洪亮、表述清楚，并且板书整齐、漂亮。课前她会将自己绘制的与课程内容相关的各类图表挂在黑板旁边，课间休息她也会耐心解答学生的提问。一堂课听下来，我们都留下了完整的笔记，不但巩固了课堂知识，也受到了一丝不苟的学风训练。薛老师精深的法制史学专业修养、严谨的授课态度和亲切率真的性格受到同学们的由衷敬佩与爱戴。"在她看来，薛梅卿老师用一生的教学生涯完美诠释了她晚年的表白："教师的使命是极其庄严的。师德不是口号，并非一时，不能作秀，必须诚实地一生秉持。"这也是一个在党的培养教育下成长起来的教师不凡的"初心"和"使命"。

我的父亲曾炳钧

曾尔恕和法大更多一层的渊源来自她的父亲曾炳钧先生。她这样概括："我们既是父女，又是师生，还是同事。"

"初到北京政法学院，父亲被安排在研究组学习，1954 年被分配到国家法教研室准备财政法讲义，1955 年被调往国务院法制局协助整理财经法规，曾兼任中国法学会筹备会委员。1956 年调至国家与法的历史专业，在国家与法的历史教研室成立后，任该教研室主任。"当时研究室严格要求所有课程内容都要经过各教研组的老师集体讨论，每位教师必须制定个人教学和科研计划、写出具有出版水平的教材，鼓励青年教师多做历史科学的基本功，提倡通过科研提高教学质量、讲授历史发展规律要让材料说话。"父亲身体力行，在北京政法学院第一次科学讨论会上提交了长篇论文《我国国家机构的民主性质》，并参加了'中国国家与法'全部讲义的集体讨论，承担了从殷周至秦汉时期法制史课程的讲授。"

而在校党委组织的关于如何办学的一次座谈会上，曾炳钧先生着重强调"办好大学必须具备两个条件：一是必须有业务水平高的教师，二是必须有好的图书设备。"出于这种认识，他积极向图书馆推荐采购书目、建议图书馆建设好教师参考资料室，并为教研室购买了许多历史与法制方面的古旧书籍。"他认为，中国法制史的研究，或中国国家与法的历史的研究，是一项艰巨的工作。法学研究工作者必须端正态度、掌握方法并群策群力、分工合作来进行，才可望真正有所贡献。"

曾尔恕说父亲曾炳钧先生一直秉持"砥砺人格讨究学术，交换思想，以谋中国之解放与改造为宗旨"的观点，一生忧国忧民、追求真理、向往民主进步，直至垂老暮年从未改变。"学校复办之初职称评定尚未进行，父亲与为数不多的老教授们起到了搭建学科研究平台的作用。1979 年 9 月，父亲参加了在长春召开的中国法律史学会成立大会。1980 年，中国政治学第一届年会上父亲被推选为副会长；1982 年，第二届年会上被聘为顾问。那时的他虽然已是耄耋老人了，但仍关注学校的进步与发展，坚持参加教研室的会议；他常在家里接待师生，认真地与他们一起探讨学术问题；他热忱而严格地指导研究生，给他们开列必读书目，督促他们多读书、读经典并要求写出读书笔记，每次课上都要围绕专题进行讨论和点评；他克服青光眼造成的眼力困难，持放大镜逐字逐句地为研究生修改学位论文；1987 年，父亲还作为博士论文答辩委员参加了新中国第一届法学博士的论文答辩。"

曾尔恕动容地谈道，"我们毕业留校任教后，父亲依然惦念、关注着我们的成长。记得有一次我在教学楼四楼教室上课，讲课之间忽然发现最后一排竟坐着父亲！他从头至尾听了我的课，并在课后与我进行了长时间讨论。那时的父亲已经 82 岁了，我不知道他是怎么知道那天我有课，又是怎样拄着拐棍从北太平庄慢慢走到学校、上了四楼。他说过多次，教书不光要传授知识本身，更重要的是要教会学生学习和思考的方法；就如同不仅要给求金者金子，更重要的是教会他点金术。垂暮时分他在病榻上握着他指导的学生郭成伟的手的叮嘱，我辈永远铭记，那就是'一定要自强不息'！"

法大图书馆的"前世今生"

曾尔恕于 1997 年至 2012 年担任法大图书馆馆长，在她看来，"中国大学法律图书馆的命运是与国家的法治命运唇齿相依、与大学的法学教育紧密相连的，而法大图书馆的发展史也是中国当代法制史的一个缩影。"

1949 年中华人民共和国成立后，基于新中国司法体制改革和高等教育体制改革的双重背景，以及快速培养新型法治人才和法学人才的双重需要，在北京大学、清华大学等著名大学的法学、政治学、社会学等学科的基础上组建了北京政法学院（即现在中国政法大学的前身）。学校图书馆接受了这些大学的法律、政治类图书，成为最早的以法律、政治类文献为重点馆藏的图书馆。经过 10 年的发展，1960 年北京政法学院成为全国 26 所重点高校之一。后因特殊原因，图书馆处于停顿、瘫痪状态。直至 1978 年，图书馆才重新建设。

1983 年司法部、教育部在北京联合召开了全国高等法学教育工作会议，确定了加速培养法律人才的方针和设想。普通高等法学教育初步形成由司法部按大区设置的中国政法大学、西南政法大学、华东政法学院、西北政法学院和中南政法学院 5 所大学，以及 12 所综合大学法律系为主干的大学法学教育渠道。为了适应法学教育重新恢复的形势，在司法部的直接指导下，隶属于司法部的 5 所法律院校图书馆及 3 所政法管理干部学院和劳改劳教机构图书馆成立了由中国政法大学图书馆为主任委员馆的"司法部部属政法院校图书馆馆际协作委员会"。2000 年，随着高校体制改革，该协作委员会不再接受司法部的领导，其名称也改为"全国政法院校图书馆协作委员会"。"委员会的作用主要表现为组织全国法律院校及法律部门的图书馆开展法律图书及法律信息的学术研讨和工作交流。"

法大参与其中的全国政法院校图书馆协作委员会不仅积极助力国内法学教育发展，也格外重视对外交流。2009 年 5 月底在北京香山召开的中美法律信息与图书馆论坛第一次会议，并被列为纪念中美建交 30 周年的重要活动之一，当时即达成了每两年在中美两国轮流召开一次中美与法律信息图书馆论坛的"香山宣言"。2011 年 7 月，第二届中美法律信息与图书馆论坛在美国费城召开，曾尔恕还在论坛上做了题为《中国高校法律图书馆的变革与未来发展趋势》的主题发言。如今该论坛已经召开了七届会议，成为中美两国法律信息交流的重要渠道。

谈及 15 年的图书馆工作，曾尔恕感叹，"我所收到的学生给我的有关图书馆最动人的画面是，在冬日蒙蒙的凌晨学生在图书馆外排队等待进馆的长龙。我最高兴的是知道图书馆在师生的学习和科研活动中发挥了作用。师生们能够在图书馆找到心灵的归宿、得到学术真理探求的满足，是我们作为图书馆人的工作的原动力。所以，力求更主动、更全面地满足广大师生在学习、研究乃至文化生活各方面资源及咨询需求，力争将图书馆建成学术交流、知识加工、文化传承的中心，也应当实实在在地成为法大图书馆的目标。"

后记：

刚刚整理完曾尔恕老师的采访记录，就看到学校官方微信公众号上推送的"八旬入党 一生报国：北京政法学院四大教授之一曾炳钧"，深感学术薪火相传，大学文脉不断。七十载的法大，必将在曾炳钧、曾尔恕等先生开创的事业之上，迎着新时代的大潮，开启新征程。

我是党旗上永不褪色的一抹红[*]

张 伸[1]

2021 年是中国共产党 100 周年华诞，2022 年是中国政法大学 70 周年华诞。站在"两个一百年"历史交汇点，党中央发出了"学党史、悟思想、办实事、开新局"的伟大号召。学党史、看校史，结合我的工作实际，回忆法大 70 载办学历程中砥砺奋斗的名师志士，他们坚定的信念、朴实的作风、忘我的精神始终照耀着我们前行。

因为在学校离退休工作处工作，我有幸耳濡目染，从很多老教师们的往事中，深刻感受到了他们不忘初心、严谨治学、不逐名利的精神品格，在平凡中铸就伟大的正能量。

新中国婚姻法学科奠基人巫昌祯

巫昌祯先生是婚姻法的专家，是新中国婚姻法学科奠基人。少年巫昌祯就读于闻名全国的著名法科大学朝阳大学学习法律。后朝阳大学由华北人民政府司法部接管，巫昌祯和她的同学们开始参加一些革命活动，上街搞宣传、演话剧、唱歌，宣传共产党，宣传新社会。1949 年10 月 1 日，由谢觉哉担任校长的"中国政法大学"在朝阳大学的基础上成立，巫昌祯随之进入这个短暂的"中国政法大学"，在第三部也就是本科部学习。后"中国政法大学"并入中国人民大学。1954 年，巫

* 原文摘自离退休工作处编印的《我的红色记忆——中国政法大学离退休老同志庆祝建党 100 周年纪念文集》，第 177~187 页，有删减。

〔1〕 现就职于中国政法大学离退休工作处。

昌祯以全优的成绩毕业，成为中国人民大学第一批法律专业的本科毕业生，也是新中国的第一批法律专业本科生。毕业后，巫昌祯和丈夫庚以泰一起被分配到创立未久的北京政法学院任教。

到了北京政法学院以后，巫昌祯主要讲授民法。1958 年，民法教研室和其他法学教研室都被取消，组成业务教研室。巫昌祯也无法继续教授民法，转而讲授毛泽东思想概论和古汉语。其后的 20 年，北京政法学院师生整体到安徽劳动，巫昌祯和丈夫庚以泰也来到安徽干校劳动。一年后干校解散，庚以泰被分配在安徽省公安厅工作，巫昌祯则回到北京留守，照顾幼小的孩子们。当时，仅四十多岁的巫昌祯只好提前退休。1978 年，北京政法学院复办，巫昌祯再次回到学校，重登讲台，从此在讲台上一待又是几十年。

巫昌祯先生的课堂讲授非常生动，注意理论联系实际，用大量生动的例子深入浅出地讲解枯燥的理论知识，受到了同学们的欢迎。巫昌祯非常关心同学们的学习和生活。那时候每个班都有一个固定的教室，晚上上自习的时候，巫昌祯经常来到教室里，给同学们辅导课业。同学们遇到一些生活上的烦恼、情感上的困扰，也都会来找和蔼可亲的巫老师倾诉。没有事情的时候，学生们也会经常登门拜访，和巫老师聊聊家常。巫昌祯教授的爱岗敬业常被学生谈起，退休后她成为中国政法大学特聘博士生导师。2007 年，77 岁的巫老师在学院路教学楼给博士研究生讲课，授课前不慎被门槛绊倒，胳膊受伤，已经不能握住粉笔写字了，她却仍然坚持把课讲完。课后去医院检查，被确诊为右臂骨折，医生建议她住院，她坚持把第二天的博士生课程讲完才去住院。

巫昌祯先生于 1955 年曾参与《民法》起草工作，1979 年、1997 年参与《婚姻法》修改，1989 年任《妇女权益保障法》起草小组副组长，2002 年任《妇女权益保障法修正案（草案）》专家组组长。曾担任中国法学会婚姻法学研究会名誉会长，第七、八、九届全国政协委员，第五、六、七、八届全国妇联执行委员。20 世纪 80 年代，巫昌祯先生领导创办了专攻公益诉讼的第八律师事务所，开启了中国公益诉讼的先河。先生曾被评为北京市教育系统先进工作者、北京市优秀教师、全国优秀教师、北京市先进工作者、全国先进工作者、北京市和全国"三八"红旗手等称号，享受国务院政府特殊津贴。作为中国法学会婚姻法学研究会多年的会长、名誉会长，巫昌祯先生为中国婚姻家庭法学学科的发展做出了重大贡献，被形容为"共和国的立法史上已经记载下巫昌祯教授的辛劳与功绩"。

在五十多年的执教生涯中，巫昌祯先生有好几次重新选择职业的机会。1955年参加民法起草的时候，巫昌祯整理材料既快又好，全国人大很想让她留在机关工作；20世纪80年代第一次修改完婚姻法后，全国妇联也有意把巫昌祯留住，请她出任中华妇女干校（中华女子学院前身）的领导职位。这些邀请都被巫昌祯委婉地回绝，她始终没有离开讲台，甘愿做一名教师，教书育人。

淡泊名利、一心为公、学为人师、初心不改、无私奉献可谓先生一生的写照。

新中国监狱史学奠基人薛梅卿

薛梅卿教授被誉为"新中国监狱史学奠基人"。在20世纪50年代实行组织分配的原则下，本想学习外语的薛梅卿，被安排研读了历史。1953年，薛梅卿从福州大学历史系毕业，被保送入中国人民大学研究生班攻读历史学专业。仅过一年，组织上又安排她到刚组建不久的法律系"国家与法的历史"（即法制史）研究生班学习。1956年毕业后，原本凭借外语优势可专攻外国法制史的薛梅卿，在北京政法学院转攻了中国法制史专业。北京政法学院复办后，薛梅卿从安徽师范大学调回，重新开始了中国法制史的教学和研究。她以"站稳神圣讲台、严肃育人职责"的精神，致力于中国法制史的研究，在曾炳钧教授的带领下招收、指导了我校第一批硕士研究生。此后，她担任了十多年法制史硕士研究生导师组组长，参加了本校中国法制史博士生导师组筹组、招生工作。

在几十年的教学生涯中，薛梅卿教授始终坚持实事求是、还历史本来面目、不来半点虚假、不为趋名逐利，使学生能够继承优秀文化传统，不单在学识上有所长进，更在思想上有所增益。长年累月同艰涩和冰冷的古史资料打交道，她毫无怨言、兢兢业业、不忘初心、立德树人，在整个教学生涯中把德才兼备、品德育人的师德贯穿始终，即"德"字为首，"严"字当头。那时候，在同学们的心中，薛梅卿既是一名严格的老师，也是一位慈爱的长者。她曾无私地帮助解决了不少研究生在学业、思想、生活上的难题。学生们在即将毕业的时候都喜欢到薛老师的家里来聚会庆祝。薛梅卿教授著作等身，1986 年其主编出版的《中国监狱史》为狱政学、法学、史学的研究和教材建设填补了空白；1997 年出版的专著《宋刑统研究》及 1999 年出版的《宋刑统》点校本，是中华传统法典系列中的新作；1999 年主编出版的《天津监狱史》是我国地方狱政史的首部力作；2007 年出版的专著《庚辛提牢笔记点注》是第一次披露八国联军侵华后清末狱官治狱的资料和综述。1985 年完成司法部重点科研项目后，筹组了我国第一个劳改（监狱）工作学术团体（劳改法学会后改为中国监狱学会）；1995 年创立了我国唯一一所跨地区、院校的狱政史研究机构——中国政法大学监狱史学研究中心，并建立监狱科研基地。薛梅卿教授先后被评为中国政法大学教书育人先进个人、优秀共产党员、侨眷先进代表。20 世纪 90 年代荣获司法部首届育才奖，获中国劳改法学会专题表彰。1993 年获批享受国务院政府特殊津贴。2009 年被评选为"首都教育 60 年人物"之一。退休后，薛梅卿教授老当益壮，笔耕不辍，继续在生活中发光发热。2002 年她完成了司法部、中国监狱学会重点项目《中华人民共和国监狱史》的撰写任务，2009 年参与出版《六十春华绽桃李·甲子秋实报国晖——首都教育 60 年人物风采》一书。薛梅卿教授曾任校监狱史学研究中心主任、校侨联委员；继续外兼中国监狱学会副会长、学术委员及北京市修志（《监狱志》）工作顾问等职。同时薛梅卿教授每年还捐款捐物，义务资助学校离退休社团门球队各项活动。

杨鹤皋与中国法律思想史

杨鹤皋教授，学校离休老干部。2020 年 8 月 26 日，一个偶然的机会得知杨鹤皋教授的《新编中国法律思想史》（精编版）出版面世，崇敬之情肃然而生。一位 93 岁的离休老教授，是什么支撑他不懈钻研、笔耕不辍，对于一位已迈入鲐背之年的老人，完成一部著作需要付出多少汗水，需要面对多少我们不曾想象的困难。杨老师的"自勉""勤奋""任性"又一次向我们展示了他满满的正能量。

杨鹤皋老师 1927 年出生在长沙农村一个小学教员家庭，青少年时期经历过辍学、当学徒、小职员、复学等。1948 年，随着全国革命形势的发展，他参加了中共中央中原局城工科驻长沙的地下组织，投身革命。1950 年，杨鹤皋考上了向往已久的北京大学法学院。1952 年，因院系调整来到了刚刚成立的北京政法学院。当时，院领导为了培养青年教师，从学生中挑选了 10 人边工作边学习，杨鹤皋就是其中之一。1961 年，组织上安排他自农场回到校图书馆工作。在图书馆完成图书整理工作之余，杨老师抓紧分分秒秒，钻研经史子集，积累了大量资料。也正是在图书馆工作的日积月累，为他后来的著书立说准备了基本条件。北京政法学院复办后，杨鹤皋老师走上讲台，传道授业。当时，百废待兴，时间紧任务重，杨鹤皋老师凭借一本此前内部刊行的《中国政治法律思想简史》夜以继日地写作，终于完成一份《中国法律思想史》讲稿，完成了为四五百名本科生授课的任务。他在中国政法大学创建"中国法律思想史"硕士点，培养了一批法学人才，可谓是中国政法大学中国法律思想史学的奠基人。杨老师还一直保持踏踏实实做学问的作风，著述颇丰，已出版的就有 20 多种，约 300 多万字。著有《中国法律思想通史（上、下）》《先秦法律思想史》《魏晋隋唐法律思想研究》《新编中国法律思想史》《商鞅的法律思想》《贾谊的法律思想》《中国法律思想史》《孔子法律思想研究》等。1982 年，司法部统编教材《中国法律思想史》出版，这是我国第一部以马克思主义为指导，比较系统论述中国法律思想发展历史的教科书，被各政法院系普遍采用为教材，对于中国法律思想学科体系的形成和学术研究的发展起了非常重要的作用。张国华和杨鹤皋分别是这本书的主编和副主编。

1992 年离休后，杨老师一直坚守着他严谨治学的信念，老骥伏枥，笔耕不已，20 多年间著有《魏晋隋唐法律思想研究》《宋元明清法律思想研究》《春秋战国法律思想与传统文化》《中国预防犯罪史》《中国古代法律思想论集》等。2005 年出版了新的《中国法律思想史》，较全面地总结了本学科的创建及体系的形成，探讨了 21 世纪本学科研究的走向。2011 年，耄耋之年的杨老师将各历史时期的研究成果统一起来，编辑成 160 万字的《中国法律思想通史》。

在法大 70 年的校史里，这样的名师不胜枚举，他们可能不像血战湘江中红军战士那样舍生忘死，不像十四年抗战中八路军战士那样艰苦奋斗，不像解放战争中解放军战士那样勇猛直前，不像抗美援朝中志愿军战士那样威武雄壮，但他们和中国千千万万的革命者一样，在平凡中铸就伟大，在奉献中书写平凡。他们坚定信念、实事求是、自力更生、艰苦奋斗、无私奉献、开创新路、全心全意为人民服务，这些优良品质也正是我们党在革命历程中凝练的"井冈山精神""延安精神"的真实写照。

仰望中国共产党的百年奋斗历程，追忆 70 年来为学校建设执着奉献的名师榜样，不忘初心、牢记使命是他们的追求，克己奉公、严肃认真是他们的品质，实事求是、艰苦奋斗是他们的作风，我们要牢记这些精神，让这红色基因迎风而立，永不褪色。

从寄人篱下到桃李满天下[*]

成亚平[1]　李青[2]

> 林中，1932年出生，福建省福州市人。1949年9月参加中国人民解放军，1953年8月考入中国人民大学法律系，1957年7月毕业。1976年调入中国政法大学法律系，1980年加入中国共产党，1999年12月离休。2018年4月30日在北京病逝，享年86周岁。

冬去春来，花落花开，又到"清明时节雨纷纷"的季节。我们的思绪也回到了三年前那个难忘的春天……

2018年4月30日，中国政法大学法学院离休教授林中老师永远离开了她所眷念的世界，离开了她所爱的和爱她的人！

绿色军营绽芳华

在中国政法大学提起林中这个名字，人们一般都知道她是著名法学家、我校终身教授张晋藩先生的夫人，却很少有人知道她曾经是一名飒

---

　*　原文摘自离退休工作处编印的《我的红色记忆——中国政法大学离退休老同志庆祝建党100周年纪念文集》，第48~60页。

　〔1〕　1954年4月出生，1969年12月参军，1982年7月毕业于安徽大学哲学系。多年讲授哲学、政治学专业课程。1991年7月在中国政法大学政治学教研室任职时加入中国共产党，退休前系《政法论坛》编审。

　〔2〕　1962年5月出生，1984年7月毕业于中国政法大学法律系，法学博士。1984年4月加入中国共产党，现任中国政法大学法律史学研究院教授、硕士生导师。

爽英姿的女兵，曾经是中国人民解放军第三野战军第十兵团选拔到保卫干部培训班接受专门训练的"巾帼豪杰"。

林中老师是福建人，出生于 1932 年。在她未满周岁尚在襁褓中时，父亲就病故了。所以，"父亲"这个概念对林老师来说几乎是零。父亲去世后，母亲矢志不嫁，后抱养了一个男孩。从此，孤儿寡母三人相依为命，艰难度日。

林老师的母亲与当时一般的家庭妇女相比，要开明很多。为了让女儿将来能自立于社会，不受人欺负，她下定决心再困难也要让女儿受到良好的教育。她说："即使我去要饭，也要让我女儿多读点书，有了知识，有了工作，才能经济上独立。"

在母亲的支持下，林中从家乡的小学一直读到省城的公立中学。由于她天资聪颖、勤奋刻苦，学习成绩优异，一直享受着公费教学福利。不幸的是，母亲由于积劳成疾，刚过 40 岁就离开了人世。从小失去父爱，尚未成年又失去母亲，少女林中过早地感受到生活的艰辛和世态炎凉。

那时的她，最怕学校放假了。看着同学们都高高兴兴回家，可她却没地方去，为假期的住处发愁。到亲戚、邻居、同学家四处借住，居无定所，还常遭人白眼……为了改变命运，"上大学"成为她少女时代的理想和目标。

靠着变卖母亲留下的杂物和亲戚的帮助，林中艰难地维持着生活和学业。就在她生活困顿，感到前途渺茫的时候，1949 年 8 月中国人民解放军第三野战军解放了福州。正在读高三的林中受到进步思想的影响，怀揣着对新中国、新生活的向往，不顾老师、同学、亲戚的反对（大家都劝她毕业后再去），毅然弃笔从戎，参加了中国人民解放军，成为她家乡周边十几个村庄的第一位女兵。

在华东军政大学福建分校，林中有了家的感觉。虽然，睡的是地铺，穿的是粗布军装，吃的是大锅饭，但她再也不用为衣食住发愁，再也不用受别人的白眼。因此，她对中国共产党、对中国人民解放军有着朴素的阶级感情和发自内心的爱戴。由于学习成绩优异、政治觉悟高、综合素质好，军大毕业后，林中被组织选拔到三野第十兵团保卫干部培训班继续深造。这个培训班对学员的选拔非常严格，培训班当时有六七十名学员，但仅有四名女兵。

由于朝鲜战争的爆发，林中被分配到 28 军 84 师政治部组织科任干事，1952 年初又调入干部部从事档案工作。1953 年 8 月，林中从华东军区所在地南京考入了中国人民大学法律系，终于实现了母亲的遗愿和少女时代的理想。

"世上有朵美丽的花，那是青春吐芳华！"虽然，林中的军旅生涯只有短暂的四年，但却磨练了意志，砥砺了品格，锻炼了体魄，对她后来的人生之路产生了积极的影响。她说："四年的军旅生涯永远鲜活地留在我的记忆里，那是激情燃烧的岁月，是我实现人生价值和理想的起航之地。"在她家的客厅里，摆放着一个镶嵌有八一军徽的白色水晶工艺品，那是华东军政大学毕业六十周年的纪念品，是林老师绿色军营献青春的见证！

校园相知结良缘

新中国刚刚建立的 1950 年代，就像早晨初升的太阳，朝气蓬勃，生机盎然。在离开校园四年之后，林中又重新回到课堂，开始了紧张而愉快的大学生活。她十分珍惜这难得的学习机会，抓紧一切时间在知识的海洋中翱翔。第一学期她系统学习了"马列主义原理""哲学""政治经济学""中国革命史""俄语"等课程。半年后的 1954 年初，学校通知她准备参加留苏考试，经过几个月的复习，她通过了文化课考试和严格的政审，但最后由于身体原因（体检中查出患有严重的鼻窦炎，考虑到难以适应苏联严寒的气候）而没有去成。

留苏虽然没成，但林中结识了青年才俊张晋藩，成就了一生的美好姻缘。那时，张晋藩已留校任教并被选送到苏联读研究生（后因体检没过），才 24 岁就在《光明日报》理论版发表了学术论文。在林中准备留苏考试期间，张晋藩为她辅导历史、俄语。张晋藩的博学、儒雅、勤奋、进取，使林中对这个年长两岁才华横溢的年轻老师产生了敬佩和好感。共同的理想使两个志同道合的青年相知相恋，也与法律结下了一世情缘。

1955 年 7 月，林中和张晋藩牵手步入婚姻的殿堂，从此"执子之手，与子偕老"。在人生的道路上他们风雨同舟、同甘共苦、相濡以沫、互敬互爱，共同走过了 63 个春秋冬夏，成为法学领域令人尊敬和羡慕的一对伉俪。

1957 年 7 月，林中从中国人民大学法律系毕业，被分配到天津市司法检察干部学校任刑法学教师，开始了"三尺讲台迎冬夏，一支粉笔写春秋"的教书生涯。后来组织上考虑到她两地分居的家庭困难，将她调回北京，在北京市师范学校担任政治课教师。

1966 年，林老师一家也和大多数知识分子一样经历了动荡岁月。1970 年，她和张晋藩（带着老人和三个孩子）到了江西省余江县"五七干校"。干校的生活比起北京无疑要艰苦许多，白天插秧、采茶、打石头，干各种农活；晚上在昏暗的煤油灯下，看《红楼梦》、读专业书，为连队写报道、编简报。南方的夏天炎热潮湿，蚊虫叮咬，他们就躲在蚊帐里读书写作。虽身处乡间田野，辛苦劳作，但却从未停止过思考，心中所念仍是春秋战国、礼法之争……为后来的厚积薄发积蓄力量。

"绿染江南四月天，潇潇细雨润如烟"，"茶花香处蝴蝶飞，春池水暖鱼儿肥"，"牧童月下归来晚，柳叶当笛信口吹"，这是张先生在江西干校时所写的诗词，反映了他们夫妻以乐观的心态坦然面对生活的磨难，让逆境中的生活也有诗和远方。

躬耕杏坛育桃李

1976 年 10 月，加强法制建设被提上了议事日程。随着政法干部陆续归队，林老师被调到北京政法学院（中国政法大学前身）法律系国家与法的理论教研室，讲授"法学理论"和"中国法律思想史"课程。1979 年北京政法学院招收了复办后第一批本科生，林中作为法理课的教师，为复校后的第一届学生上课，如今的许多著名法学家都是她的学生。

1980 年，林中光荣地加入了中国共产党，实现了她多年的心愿，入党介绍人是著名法理学家刘金国教授和王启富教授。1983 年林中调入法律思想史教研室。同年 8 月中国政法大学研究生院成立，开始招收法律思想史硕士研究生，林中老师成为第一批硕士研究生导师。

林老师长期专攻中国法律思想史，专业功底扎实，学术造诣高深。她的讲课深受学生们的欢迎，每次一下课就被学生团团围住……那时，法律思想史课程没有统编教材，全靠自己编写教材，林老师和教研室的同事们短时间内编写出中国法律思想史教材和两大本资料选编。印刷虽不精美，但对同学们的学业提供了很大的帮助。

1980 年代不像现在这样信息通达、网络普及，所有的教学科研工作全部要靠自己查阅资料、整理文献、记笔记来完成。林老师年轻时就写得一笔好字，那时又练就了速写的本领，字写得又快又好。几十年后，当我们翻开林老师留下的当年备课的笔记本，厚厚的，上面密密麻麻写满了字，有的地方用红笔标记过……经过岁月的蹉跎，本子的封面已经不再光滑，边缘也磨损出了毛边，但是拿在手里仍然能感觉到它的分量，从中我们感受到一个老教师对教育事业的忠诚和热爱。

林老师既是导师又是师母，多年来她把自己的学生和张先生的学生都当作自己的孩子。家里有什么新鲜的、好吃的东西，就招呼学生们来家里吃，学生们常常是连吃带拿，满载而归。林老师还帮助学生找工作、找对象。学生生活上遇到困难，林老师总是慷慨解囊，有个学生的父亲病重，林老师一下就拿出 5000 元交给学生给父亲治病。张先生也常对自己的博士生说："生活上有什么困难，就找林老师……"林老师就像一盏明亮的灯，照亮和温暖了她身边所有的人。

作为一名高校教师，林老师不仅一直坚持在教学第一线给本科生和研究生上课，而且科研成果也颇丰。她勤于思考，笔耕不辍，撰写和发表了许多论文、专著和教材。她最早的一篇题为《民主必须法律化》的文章，发表在 1979 年 4 月 7 日的《北京日报》上。她在文章中指出："在民主和法制的关系上，民主是法制的前提和基础，法制是对民主成果的确认和保障……为了使民主法律化，必须确立法律的权威。只有这样才能维护法律的尊严，保证法律的统一性和普遍的强制力，使人民群众真正行使当家做主的权利。"这一观点至今仍然被实践着。

在 1980 年代的中国法律思想史教材中，多半是就人物的思想谈思想，以致每个思想家的法律思想都是孤立的，缺乏内在的逻辑联系。林老师认为，就人物的思想谈思想，容易流于简单化，她指出："思想家的法律思想都不是孤立的，都有它形成的历史背景、文化渊源，因而是特定思潮的反映……"所以，她在给硕士研究生讲课时，特别注重从特定的社会思潮、在特定思潮中所形成的学派，以及构成学派的思想家的思想去分析，引导学生加深对某个思想家法律思想的理解。如对法家的研究，林老师指导学生如果仅仅就商鞅的法律思想谈法律思想，忽视他在法家学派中的地位，以及众多的法家人物对他的影响，便不可能理解商鞅法律思想的源流。具体说来，没有早期法家李悝提出的"尽地力之教"，就不可能有商鞅"废井田、开阡陌"的土地立法；没有李悝所著《法经》，商鞅变法就缺乏法律上的指导和依据。她先后发表了《试论孔子的行政法思想》《论孙中山的法律思想》《论康熙的法律思想》《论努尔哈赤思想》等论文，对思想家所处的学派、社会思潮、历史背景综合考察分析，为构建新的法律思想史的框架努力进行探索。

20 世纪 80 年代，为了以确凿的历史阐释中国特色社会主义道路才是唯一正确的道路，是历史发展的必然，林老师撰写了《中国近代政治史上重要的一课》，发表在 1988 年《政法论坛》第 1 期上。在文章中，她通过重温中国近代政治史上重要一课，帮助人们更深刻理解只有社会主义能够救中国的道理，坚定建设具有中国特色社会主义道路的信心。

20 世纪 90 年代，林老师专注于对中国传统法文化的研究。独立或与张晋藩先生合作发表了《中国古代法律文化论纲》《中西法律文化碰撞中的沈家本法律思想》《中国法律近代化的历史进程》《中国古代政治文化的基本特征》《社会的遽变与法律的呼应——以春秋战国为视角》等一系列文章。2015 年林老师最后一次赴美，尽管已 83 岁高龄，仍和张先生一道撰写了《法史钩沉话智库》，其中一篇《法治兴则国势兴》，受到了《中共中央党校学报》负责人的肯定。

林中教授的专著成果主要有《中国近代法律思想史新论》等，洋洋洒洒几十万字，但是只有这一本著的是林中的名字，此外大部分是为张先生主编的《中国官制通史》《清朝法制史》而作。

人们赞美流星，是因为它在夜空中燃烧着释放自己全部的绚丽，划出一道美丽的弧线，即刻消失在无边的苍穹之中。真正的学者值得人们尊敬的地方，恰恰是默默地做了许多平凡而伟大的工作，而生前并不因此出名，林中老师就是这样的学者。

研法治史共皓首

"世界上最浪漫的事，就是和你一起慢慢变老。"在林老师家的书房里，两张书桌对放着。读书、教书、写书，研法、习史、治学，日复一日，年复一年……在岁月里的光阴里，他们相互守望、琴瑟和鸣、安然知足，从风华正茂到两鬓染霜。

林老师离休以后，经常陪同张先生到国内外各地讲学和交流。国内讲学不计其数，并多次赴美、日、韩、欧进行讲学。在讲学期间，他们游历了各地风景名胜，所到之处，总是像年轻的情侣那样手牵着手，令学生们羡慕不已。

平平淡淡最是真，老来相伴即是福。在他们步入晚年以后，老两口更是朝夕相伴，形影不离，情深意笃。张先生每次外出，林老师都伴随左右，照料其饮食起居。由于用眼过度，张先生70岁后双眼患黄斑病变，视力几近丧失，林老师便成了他的"眼睛"，每天为张先生读书读报，读各种资料。林老师中年以后患有家族遗传性耳聋，听力不好，于是张先生就成为她的"耳朵"，学生们经常可以看见张先生凑在林老师的耳边，大声地给她传话。

生活中张先生喜欢写诗吟诗，每首诗成，林老师都是他的第一读者。先生有时诗兴上来会给学生写诗，也都是由林老师亲笔手书赠送。他们信奉"生命在于运动"的理念，所有的家务活都是自己干，直至林老师生病前，他们都没有用过保姆，把干家务活当作最好的休息。他们一起打扫卫生，收拾屋子，烹制美食，享受生活的乐趣，有时学生在家里上课，到了饭点，林老师会为学生下一碗面或馄饨。逢年过节，他们会邀请学生到家里吃饭，张先生会亲自下厨做上一道他的拿手菜——

"葱爆羊肉"。

"桃李不言，下自成蹊。"林老师和张先生最令人敬佩的是他们的"平等观念"，他们在学生面前从未摆出"师道尊严"，对学生总是"春风化雨""循循善诱""润物细无声"。他们精湛的学问和高尚的师德以及人格魅力赢得所有学生的爱戴和尊敬！

张晋藩先生作为新中国法律史学的奠基人，在70年的学术生涯中所取得的数千万字的丰硕成果，与林老师几十年如一日，始终默默地站在背后给予理解、信任、支持是分不开的。一方面，林老师利用自己在中国法律思想史方面的学术积累，为张先生的学术研究提供史料与观点的支持。如仅在1980年，林老师就撰写了《康雍乾时期的社会背景与反理学的斗争》《戴震的唯物主义伦理观》《主张改革旧法的严复》三篇文章，为张先生研究18世纪清朝反理学思潮提供了理论支持。另一方面，张晋藩先生作为著名法学家承担了许多国家重大课题的研究，并多年担任中国政法大学研究生院院长和副校长，为使他将有限的时间和精力用于学术研究和行政管理工作上，林老师在做好后勤保障的情况下，主动承担起为张先生收集资料、整理材料、抄写文稿的工作，以至她的中指因常年写字而变形。

如果说张晋藩先生是一棵枝繁叶茂、硕果累累的常青树，那么他的学生就是那挂满树梢的果实，而林老师就是那一片片绿叶！所以，每当有媒体到家中采访张先生时，先生都会把林老师推到镜头前，笑呵呵地说："我的著作里，林老师有一半功劳。"

都说"性格即命运"，虽然林老师早年失去双亲，过早地品尝到了生活的艰辛，但在1949年历史转折的关键时期，她选择了一条正确的道路——穿上戎装，投身于革命的洪流中，将个人命运与国家命运结合起来，由此迎来了崭新的人生。生活中的林老师既善良贤淑、优雅知性，又豁达大度、刚强坚毅，就像她家乡的"凌波仙子"——水仙花那样："凌厉冰霜节愈坚，人间乃有此癯仙"，陆游的这二句诗用在林老师身上很贴切。

最好的遇见乃是"此生，你是我的唯一"，"最长情的告白就是陪伴。"2015年的金秋，林老师和张先生迎来了结婚60周年之喜。"伉俪六十情愈笃，天下桃李同庆贺！"在女儿和学生们为他们举办的石婚庆典上，张先生即兴赋诗一首赠给他的爱侣、妻子、老伴：

> 牵手六十载，弹指一挥间；如云青丝发，不觉繁霜染；莘莘众学子，薪火得相传；丽日虽西斜，霞光仍灿烂；壮心犹炽热，奋笔谱新篇。

张先生的诗是他们夫妇六十多年共同生活的真实写照，形象地概括了他们幸福美满的婚姻和无悔的法史人生！

"听风，听雨，过清明……一丝柳，一寸柔情。"在辛丑清明到来之际，谨以此文缅怀敬爱的林中教授！

问渠那得清如许　为有源头活水来

朱亚峰[1]

> 郑禄，法学教授。1962 年就读北京政法学院本科，1979 年就读北京政法学院研究生，1982 年毕业后入职中国政法大学刑事诉讼法教研室，曾先后担任中国政法大学法律系负责人、中央政法管理干部学院副院长及院长、中国政法大学副校长、中国政法大学党委委员，在法大求学、教书及从政四十余年，给本科生开设过"刑事诉讼法"课程，给研究生讲授过"中国古代刑事诉讼"等课程。

我和郑禄老师有过短暂的交集，那时他已退休，学校教务处聘请他担任教学督导，这份工作他只做了两年，我们接触的次数有限，但郑禄老师爽朗的笑声、精辟的发言、谦逊的态度给我留下了深刻的印象。在我看来，郑老师是干大事的人才，不仅仅满足于听听课、打打分，他还有属于自己更大的舞台。

郑禄 1962 年在北京政法学院读本科，1966 年毕业，1968 年响应党"四个面向"（面向基层、面向农村、面向工厂、面向边疆）的号召，被分配到新疆巴州公安局做预审工作十余年。1978 年中国政法大学复办，得知招考研究生，郑禄第一时间决定复习考研。当时考研没什么资料，只能翻看带去的笔记讲义。一次偶然的机会，他在党校图书馆找到了一本中央政法干校的诉讼法讲义，发现了 1957 年没有公开、没有颁

---

[1] 中国政法大学教务处教材建设科研究员。

行的《刑事诉讼法条例》。那时他还不知道诉讼法，感觉很新鲜，便如获至宝、特别珍惜，用毛笔将每一条法条都抄下来仔细研读。后来这本小册子在考研时帮了大忙，郑禄顺利考上刑事诉讼法方向研究生。

▲采访结束后和郑禄老师合影留念

他眼中的"四大讲师"

郑禄上学期间，学校刚复办条件非常艰苦，没有图书馆，没有教材资料，教室也不够用，有时还要去老师家里上课。同学们早晨起来这边读外语，那边戏校练嗓子、敲锣打鼓，学习环境就是这样。然而，研究生不同于本科生，光上课记笔记不行，还得要阅读图书。当时借阅图书只能去孔庙的首都图书馆，借阅期刊则要去雍和宫东南面小胡同里的柏林寺。郑禄提到，那时看一本书太艰难了，基本上在图书馆一待就是一天，没有节假日、没有休息日。而且79级大学生没有借书证，全凭老师上课学生记笔记。研究生虽说有借书证，但也只能阅读，不能借出带走。

虽说条件艰苦，但老师们与同学们同甘共苦，上课都很认真，特别是"四大讲师"各有特色，对郑禄的学业及事业产生深远影响。以往人们总是津津乐道法大的"四大才女老师"，头一次听到有"四大才子讲师"之说。而他眼中的"四大讲师"分别是欧阳本先、余叔通、程筱鹤和潘华仿。

郑禄提到，这四位先生的共同点是学问好、讲课好、平易近人、做事严谨。四位先生讲起课来都有各自特点。程筱鹤老先生曾在礼堂用略带口音的语调给本科生讲毛泽东的《论人民民主专政》。欧阳本先老师曾讲过"政治经济学导论"和"资本论导言"，他的课程就像磁石一样将同学的注意力都牢牢吸住。潘华仿老师讲"外国法制史"，讲课时每次都是走进教室，眼睛朝着天花板，基本不看学生，只要铃声一响，便开始滔滔不绝地讲课，期间全无闲话都是关键内容，且下课铃一响，多一个字都不讲了，绝不占用学生时间，上课也从不迟到，几十年如一日，整堂课听下来就像一篇大文章。余叔通老师给本科生讲"外语"，给研究生则讲"刑法"。他的特点是学问了得但谦逊随和、平易近人，且对物质的欲望极低，家里非常朴素。余老师经常和同学们在食堂一边吃着窝头一边聊天，随时随地指导学生。据传余老师会讲八国语言，他自己则说自己掌握六国语言。当年中国政法大学复办时，由于图书资料急缺，刑诉教研室由张子培老师（刑事诉讼法的奠基人）牵头，整理编撰大量英国、法国、德国等的图书资料，全部由余老师亲自翻译。如今图书馆全套的《审判法参考资料》的落款虽是刑诉教研室集体编写，但实际工作是余老师具体完成的。他当讲师时只有 22 岁，被当时苏联专家公开称赞，被认为是中国最年轻的刑法学家。

郑禄提到，自己虽没有听过余老师的课，但他研究生毕业留校后，曾和余叔通老师密切共事过一年。那时国家正准备召开"全国普通高等政法院校座谈会"，由国家教委彭珮云和司法部刘复之负责，具体由余叔通牵头，抽调北京大学徐卓士、中国人民大学吴慧国、武汉大学罗明达，他们四人组建了一个工作小组。那时郑禄跟着余叔通老师曾去安徽、江苏、上海等多地调研，曾目睹和亲身体验余叔通老师为政法高教事业发展做出的无私奉献。他忆起当年一件印象深刻的趣事："去安徽走访时，我跟余叔通老师住在一起，他做事非常投入，有时在梦中突然惊醒，坐起来时还念叨着工作上的事情。做调查研究时要写材料、做简报，全都是他一人在操持，真的是任劳任怨。"

他手中的"管院"

1994年郑禄担任中央政法管理干部学院（简称"管院"）领导职务。在此期间，他最骄傲的地方在于他的工作总能得到大家的支持。他清楚地认识到自己的职责定位，明确自己手中的权力和职责是什么、为什么和怎么做。因此，郑禄刚一到任就确立办事机制：凡事坚持开"两会"。一是院务会，大事做决定时一定召开院务会；二是院长办公会，一般的事情由院长办公会决定。院务会规模较大，会前要有人提议案，跟有关部门协商确定开会时间和议题，让大家充分发表意见，有不同意见甚至是反对意见都要讲出来。但最后开会时需按党的组织纪律办，少数服从多数、下级服从上级，并且在最终执行决议时不得反对。

谈到那段时期，郑禄感慨，"你到一个单位任职，好事会接踵而至，但你要区别开，好事是因你是自然人还是公职人员身份，自然人和公职人员身份体现在一个人身上的时候，公职你要公办，自然人你要回家办。尤其是作为自然人不要贪，要时刻牢记共产党的本色。共产党员要谋求公共利益，不是谋求私利。"

法学借鉴中的接穗与真木

从事法学教研，郑禄有一套他自己的心得体会。比如对待法律借鉴，他提到，"外国法律好的地方不要排斥，而是要把好的东西介绍过来，必须把它接穗、跟真木嫁接，好比把苹果和梨接穗形成苹果梨，就比单纯的苹果好吃，但你不能把它接在玉米棒上。真正好的东西拿回来，要和中华文明真木相接，接错就没用。有人用中国文字来表达外国的东西，那到底是中国的东西还是外国的东西呢？有人说这个中国没有，这是外国的，比如无罪推定，你去《尚书》里找，'与其杀不辜，宁失不经'，这不就是无罪推定吗？"

　　"借鉴中离不开国学文化的支撑，借鉴后还要引来民族文化的源头活水进行灌溉和滋润。"郑禄这样表达的底气正来源于他扎实的法学认知、史学知识、文字功底及十余年司法实践的历练。

▲采访进行中，坐在郑禄老师旁边的是其爱人陈丽君老师

开创性工作中的执著与坚守

　　在 1988 年担任法律系负责人时，郑禄是法学专业教学计划的制定者。教学计划的重要性是不言而喻的，它可以让教师们讲课有据可循、学生们学习明确重点，并能有效搭建学生的专业知识结构，满足公检法司各部门工作的需要。

　　然而教学计划的制定过程也是怎一个"难"字了得。在制定过程中，必须要综合考量教学时长、课程种类及占比、授课教师专业特长、课时分配、教学工作量和职称评比等多种因素，还得经反复沟通商讨才能最终报到学校讨论通过。为此，郑禄经常是废寝忘食、殚精竭虑，晚上无法入眠，白天还得打起精神给老师解释、做工作。

郑禄提到，"当时的想法是四年下来，每年有 52 周，寒暑假差不多 10 周，加上节假日等再去掉 2 周，总共去掉 12 周，40 周就是所有可耕地呀。每天 8 个课时，每周 6 天，一周 48 课时，每学期 20 周就是 960 课时，再乘以 2，就是 1920 学时。计划制定不能超这个时间，再根据社会需求等大概分五大块。体现国家指导思想的课程（政治课）要列在前面，大约占 20%，包括哲学、政治经济学、形式逻辑、共运史或党史。专业基础课也非常重要，包括中国法制史、外国法制史、中国法律思想史、外国法律思想史等四史，他们合并得好可以省下很多课时。专业课包括宪法、法学基础理论、行政法；刑字头课程包括刑法、刑诉、侦查、犯罪心理学、劳改法、法医学；民字头课程包括民法、民诉、经济法、婚姻法、审计法、会计法；国字头课程包括国际法、国际私法；此外还有仲裁，仲裁可以讲课也可以搞讲座；公共课包括司法文书、大学语文、外语、体育；此外还有拓展课，便于学生发展技能的课程，大概有 7~8 门，这些都纳入教学计划。最终五大块占比，专业课不少于总课时 51%，政治课不少于总课时 20%，专业基础课占 15%，公共课大约占 10%，拓展课灵活掌握。"

而在学校侦查专业的设置上，郑禄当时更是"下定决心一定要干成"。作为提出这一想法的人，他表示当时的想法是，"既然叫中国政法大学，冠以'中国'两字，就得有侦查学的一席之地。"在他锲而不舍地坚持下，其凭借超强的沟通协调能力，从容开放的法律思维，豪爽仗义的性格和出众的口才，抱着事必成的决心和干劲，在与其他老师和部门的通力协助下，历经近一年的时间，终于将侦查专业还有社会学、社会工作等专业一块落地。从有想法到实际落地，其中的甘苦和曲折只有亲身经历才能体会。

郑禄对中国政法大学有着深沉的记忆和浓厚的情感，他在法大求学问道，根植于中华法系这片沃土，不知疲倦地汲取知识。学成后他又用骄人的教学业绩和出色的管理工作回报母校。他把自己的大半生都奉献给了这里，无怨无悔，不计得失。无论是从事法学教学还是行政管理工作，他都游刃有余，成绩斐然并乐享其中。同时，他还是享有国务院政府特殊津贴的专家，这是对他工作最好的肯定和嘉奖。

后记：

对于此次采访，郑禄老师答应得非常爽快，让身为访谈新手的我一颗忐忑不安的心放松下来。虽然已是八十岁的老人了，加之上个月因参加学校博士论文答辩导致腰部些许不适，但出现在我们面前时依然精神矍铄，谈话思路清晰，滔滔不绝，谈起法大的人和事仿佛历历在目。整个访谈持续了四个多小时，仍意犹未尽，但我们实在不忍心再叨扰。

时光荏苒，岁月如梭，郑禄老师和法大结缘四十余载，他求学问道在此，教书育人在此，教育管理在此，凭着对法大深沉的热爱，兢兢业业，甘于奉献，对法大可谓情深义重。

此外，感谢学校档案馆王子聪拍摄的采访照片及对本文的协助。

陈励与法大电信服务中心：第一批昌平建校者

李一凡[1]　杨盈龙[2]

> 陈励，毕业于邮电部武汉邮电学院电话通讯专业，任校后勤办主任工程师兼通讯科科长。1980年由国务院科学技术干部局授予工程师职称，1988年经司法部工程技术专业职务评委会审定确认陈励同志具有高级工程师任职资格。

走进法大昌平校园，从主楼到逸夫楼，我们除了用脚步匆匆丈量时间的尺度以外，在无线电科技发展之前，由一根根崭新的、结实的通信电线搭连起各办公室的联络与沟通。而1986年的法大，地处郊区，没有地铁昌平线的顺畅交通，也没有搭建好的食堂等基础设施，有的是用自己的专业知识和一丝不苟的态度为法大工作二十余载的陈励。也正是如此，才有法大如今顺畅的校内通信。可以说，陈励老师是法大昌平校区建设的卓越贡献者。

1986年，第一批昌平校区建设者

陈励毕业于邮电部武汉邮电学院，又在邮电企业作为专业技术干部从事工作30多年，有着丰富的电话通讯专业知识。陈励在湖南磨练出一身专业本领，当时的长沙电信局局长说，"技术练到陈励这个水平的，

---

[1]　现就读于中国政法大学光明新闻传播学院2019级网络新媒体班。

[2]　中国政法大学光明新闻传播学院新闻学研究所讲师。

就是满分！" 1980 年，国务院科学技术干部局授予他工程师职称。1984年，他被保定市人民政府评为优秀教育工作者。

▲陈励老师的荣誉证书

陈励是北京人，1985 年，他回到北京，来到法大工作。1986 年，昌平新校建设，陈励加入了新组建的中国政法大学基建指挥部，任电话通讯工程师。来校后他在指挥部工程组主抓电话通讯、广播、有线电视和监控等有关弱电工程方面的建设。

那时的昌平还是一个非常偏远的县城，没有高速公路，没有地铁，没有自来水，是一片真正的荒地，而且在还未建成的土地上仍有许多劳动的农民，工程建设的开展十分困难。除此以外还要保证电话网等服务设施的建设。当时昌平校区存在的最突出的问题是，北京市的电话网正在进行升级改造，昌平校区的电话网仍未升级，还属于郊区网，所以市区内与昌平区的通话非常复杂，需要通过"缓接制"即人工台挂号后，由人工台转接完成通话。这样的通话方式，每次通话时接通较慢、不确定性大。而我校两个校区之间距离很远，教务处课程安排、早中晚班车调度、各部门的紧急通知等事项都离不开即时的通讯，因此，如何解决电话通讯问题成为当时法大昌平校区建设的首要任务。

克服困难创新方法，保证工程圆满完成

记忆回溯到 20 世纪 80 年代中期，1986 年的昌平新校区面临的最大困难是电话通讯问题，此时的陈励可谓是解决这一难题的关键人物。陈励精通电话通讯业务，因此作为首批建设法大的前辈，陈励在指挥部工程组上班之后，主抓电话通讯、广播、有线电视和监控等有关弱电工程方面的建设。

当时学院路老校电话总机为 200 门 905 型纵横制自动电话总机，因装机容量过小不能满足学校教学的需要。但令人欣喜的是，中国政法大学昌平校区的建设被党中央、国务院确定为国家重点建设项目，因此国家一次就给批了 6 条珍贵的 301 局中继线！这在当时给了陈励极大的信心，他将老校总机的 200 门移装在昌平新校工地，并给安装上 6 条 301 局中继线，历时 3 年的建设，彻底解决了新老校区两址电话总机不能相互直拨持续通话的难题！对中国政法大学昌平校区的建

▲陈励，摄于 2021 年

设可谓是具有重大意义！值得一提的是，当时正值 87 届至 90 届新生入学，电话通讯问题的解决，让这一批离家求学的莘莘学子能够给远在家乡的父母报一声平安，对这些法大学子来说同样意义重大！而这所有的一切都离不开昌平校区电话通讯建设，离不开陈励的卓越贡献！然而这一切并不是那么容易的，在当初法大建校之初，要解决的不仅仅是电话通讯的技术难题，还有很多其他亟待解决的问题。

首先，在建设过程中专业人才短缺，而电话通讯设施的安装和衔接对专业知识要求又高，在这种条件之下，陈励为学校培养了一批通讯技

术人才，他将农转工培养成为电话通讯方面的技术工人，包括机务员、线务员和话务员。在培养过程中，陈励灵活运用多种方法，比如为了让农转工更好地理解理论，他采用了技能迁移的理论解释；在讲线务员应如何爬电线杆时，他亲自穿上脚扣爬上电线杆讲解安全操作规程；为了拉近和农转工的距离，他请大家一起去饺子馆吃饺子；为保证专业知识的实践，他联系了自己的老同学，邀请了北京市电信工程局的老师傅每天下午做专题项目讲授……在采访过程中，陈励老师难掩为校建设的自豪感："他们干得很起劲！也许是他们过去在这片土地上种的是农作物，而现在在这片土地上干的是安装电话总机！"

其次，我校校内在建设中交流不畅。新校区刚开通的时候，工地南北纵深长度接近 1000 米，东西跨度约 500 米。但是，偌大的工地仅有一部昌平区电话，这给我校工地建设和两地办学模式带来诸多困难。因此陈励在讲到这段时，特别强调"这是我亟待解决的一件大事！而且必须要尽快解决！"为了解决我校校内电话通讯，陈励思考了很多解决办法。最终，他利用老校刚刚停用的 200 门自动电话总机，创新了使用流程和方法。

陈励讲道，"静静伫立在老校区内的全套设备真是上天赐给我们学校的宝物！"于是，他去申请北京市内电话网的中继线并且与当时的北京市电信管理局不断沟通，最终申请到了 6 条珍贵的北京 301 局的中继线。昌平电信局也大力支援我校临时过渡总机的开通，为我校提供了30 对电缆和 3 条昌平本地网中继线。接着，他又运用自己的专业知识，选了一间教学楼 C 段东北角一层的教室作为临时过渡机房，架立好主机、配线架和话务台，指挥调度培养出来的专员，最终给我校基建指挥部一次性装了七部电话！当时指挥部的同仁也都非常震惊，他们没想到电话来得如此之快，而且每个办公室都装有一部电话，都是可以直拨北京市区的电话。

这样的通讯技术和调度能力放在整个北京来看都是顶尖的，当时昌平区公安局的一位副局长，看到能够直拨北京市区的电话后，很羡慕地询问陈励能不能给他也弄一部。于是，陈励也给他们安装了一部电话。这些事情足以见得陈励老师在当时发挥了多么重要的作用！

发现产品缺陷，拒绝领取奖励

1990 年 7 月 1 日，昌平电信大楼正式落成，昌平新校 14 层办公大楼也正式竣工。法大总机在不久之后开通了从德国西门子公司引进的 HICOM 程控用户交换机。

当时作为中国政法大学通信服务中心主任的陈励，依然以严谨、踏实的工作态度面对新引进的德国西门子公司研制的 HIGOM 程控用户交换机。他在验收测试中发现该设备存在严重的弊端。"当时，昌平电信局主持验收的赵学斌局长声称这是甲方用户中国政法大学自己发现的一个较重大技术问题，并责成交换机供货方北京国营 239 厂与外方西门子公司联系解决。"陈励讲到此处，神情严肃，似乎还能回忆起当时的场景。

▲采访当天与陈励老师对谈

"该厂为证实我校反映的情况是否存在，立即去外地测试该厂已售出的产品是否也存在问题。最后发现该厂在外地的产品中也同样存在此弊端。此弊端，应该算作较严重的性能缺陷，不根除是不可出厂的。"陈励当即通知校基建指挥部财务组停止向 239 厂付款，239 厂对法大停止付款也提不出意见。在辗转了三个多月后，西门子公司派员来法大昌平校区更换了机盘，彻底排除解决了呼出接续延迟五六秒的问题。此时，陈励才通知基建指挥部财务组可继续结清应付的设备款项。

从 1985 年贫瘠荒芜的昌平县到今日繁华热闹的府学路，从一个小时的接线时长到即时顺畅的通讯连接，陈励是见证者，但他更是建设者！荒凉的土地上是他用一丝不苟的工作态度和坚强的精神品质充实了法大的建设与发展，他是法大建设中不可或缺的一环，他的精神已融入法大的每一次联通与交流中，铺展在这每一寸红色的土地上！

陈励老师退休后一直住在学校的家属院，时不时还会回学校"遛遛弯"。他说，他很感谢中国共产党和中国政法大学！回到这里，他发现校园里多了许多年轻的面孔，多了许多青春的气息。想了想，他又说，现在法大这个校园里呀，多了很多很宏伟的建筑，咱们学校也好，整个时代也好，都在不停地发展和进步。

后记：

在第一次采访之后，在嵇子明老师的陪同下，我们对陈励老师进行了第二次采访，这次采访主要针对第一次稿件中的问题和模糊之处，并对稿件进行了细致地修改。尽管陈励老师今年已经 86 岁了，但是依然非常有精气神，且为了使我们资料更加翔实准确，带来了自己打印的自述内容生平，足有四份各三十余页，内容清晰准确且非常有条理，我们大为震撼和感动。陈励老师从不自我夸耀，而且将以前一丝不苟的工作态度延续到了他人生的每一个举动之中，让人十分敬佩。

这正可谓"桃李不言，下自成蹊"。

一个神秘的专业，一个独特的老头

——我的导师张方教授

周　玥[1]

张方，中国政法大学教授、硕士生导师。曾任中国政法大学刑事司法学院侦查学研究所第一任所长。先后在北京工业大学、中国政法大学学习；上山下乡劳动后，先后担任过高校物理老师、侦查学老师，是一位不折不扣的"传奇教授"。

作为法大的非典型性"非法专业"——侦查学，历来是法大人津津乐道的"话题"专业，而在这个专业中，张方教授的名字一直与专业的发展、壮大密不可分。他是侦查专业的王牌教授，也是侦查专业的定海神针；是侦查专业的乐天派老头，也是侦查专业的万能百宝箱。走进张方教授的故事，那便是走进了一个专业、一段传奇、一种缘分、一份热爱。

一个"神秘"的专业

法大的江湖一直都存在着一个神秘的传说：昌平校区格物楼2层，神秘的房间，贴着深色纸的窗户，这些线索都指向一间独特的实验室——侦查学专业多功能实验室，一切的"神秘"都源于很多实验需要创造无

---

[1]　现任职于中国政法大学教务处，任教务科科长。

光线的全暗黑实验环境。张方教授正是法大侦查学研究所的第一任所长。1983 年，中国政法大学成为全国首批招收侦查学方向研究生的高校；2001 年，中国政法大学侦查学本科专业正式设立，近四十年来培养了一批优秀的法大人，他们走向公检法司、企业律所，展现了法大人"经国纬政、法泽天下"的气度，同时也展现了侦查人求真务实、洞若观火的风采。张方教授则是这四十年发展的亲历者、见证者，他是法大侦查人，从学生到教师，老先生播撒专业知识，为无数年轻人揭开"侦查学"的神秘面纱，让神秘变得透彻，聚小溪汇成江海。

▲2011 级本科毕业生与张方教授的合影

一位"独特"的老头

在侦查学专业的师生中，提起张方教授，"独特"一定是词云中最大的那一个。据说他可以身着运动裤、T 恤衫"不修边幅"地出现在校园里，也曾穿风衣戴英式礼帽，高挑的身材远看形似福尔摩斯。他可以严肃地将学生的开题报告打回，也可以跟着一群年轻人去密室逃脱体验各种可能。他对学生的提问总有连串反问：这么做的目的是？你的方法能达到你的目的吗？可能带来什么问题？这些问题用什么方法克服？后来学生自己把自己的问题解决了。他本科课堂上从不用课件，更不会有讲稿，而是根据学生的时时反馈调整授课方式和重点。他在研究生课堂上很少讲话，总是提问并在学生的唇枪舌战之间提出关键质疑。他改完的试卷没有分数，只按照优良中差依次在桌上摊开，再根据整体情况给出分数，从而学生成绩永远能够科学合理正态分布。这样的"据说"在他的学生、同事口中都得到了肯定的答复，他就是这样一个独特的宝藏老头。这样的张方教授特立独行却又风度翩翩，严格严厉却也温情如水，

▲张方教授在课堂

这样独特的老师用自己的方式感染着身边的同事和学生。他常说人生的道路有很多，我们只能一起去分析各种可能，会得到一些也失去一些，会有坎坷也会有光鲜，所谓人生的成功不就是想好自己要什么并能朝着这个目标一步步靠近吗？如今，张方教授的学生们都走在自己选择的漫漫征程上，迷茫的时候喜欢三五人约着老师共赴小茶馆，聊过往、聊未来，谈宇宙、谈人生，这些时光让这个独特的老头成为他们每个人心中最特别的存在。

一份"随缘"的真情

张方教授与法大的缘分可以用"随缘"一的词来概括。他 1975 年在农村工厂劳动，1977 年考上北京工业大学应用物理专业，1982 年毕业后在高校讲授"普通物理"课程，1985 年萌发了考研究生的想法。

根据张方教授自己的描述，英语学习一直不是他的强项，考研那次也被英语拖了后腿，而也正因如此开启了他与法大的缘分。1985年初，张方教授骑自行车前往西土城路25号与当时已是法大侦查权威的金光正先生见面，只为争取一个调剂硕士录取名额，金先生很满意眼前这个年轻人，录取他为当年司法鉴定硕士生。1988年，张方教授留校任教，这一教就是三十余年。作为刚留校的年轻教师，他跟随老先生们为法学专业本科生讲授侦查学、司法鉴定学等选修课，协助先生们指导硕士研究生，积累讲课的技巧和方法。随着老先生们陆续退休，张方教授很快成长为法大侦查学的一张名片，他讲课心中有大纲口中绝不照本宣科，一直秉承着"因材施教"的教学方式，对待学生宽容却绝不溺爱。现在看来，这都是当今时代教育教学改革和评价中对于"尊重学生个性特点和发展""严格贯彻论文抽检、导师追责制"的贯彻落实。这并非张方教授有预言家的超能力，他只是本着作为教师的责任和初心，在平凡的教师岗位上坚守自己的职业操守和为人准则，一切只为了教得更好！20世纪90年代，学校里还没有那么多留洋归来的教师，张方教授便已经开始坚持每周穿西服给学生上课，坚持每周打上不同的领带，他说这是给自己作为教师的仪式感，也是给学生的特别的尊重。

这就是一位误打误撞走入法大的侦查学教授，他学识渊博、教法先进，他乐观豁达、通透自在。桃李芬芳，他是学生们心灵的避风港，这位话不多的老先生是用自己的人生守护着这个可以停泊的港湾，用自己从不言说的真情抚平狂风巨浪。这份"随缘"的真情流淌在岁月的长河中，那是先生用时光为法大写下的"课比天大"，无形无声却苍劲有力。

后记：

毕业后，我与老师的联系还算频繁，经常通过微信、电话逗逗乐子，偶尔还能在校园里跟来参加老干部党员活动的他相遇。老师与师母退休后，经常自驾出游，天南海北，时而跟我们分享一些趣事。2021年教师节，同级的几个兄弟姐妹约老师一起吃饭，给老师买了一台扫地机器人，被他无情地要求退货，还说了句我们无法反驳的理由："啥都不缺，你们陪我聊聊天就挺好！"然后就是一个劲儿地往我们车上搬柴米油盐，说是自己年纪大了吃不了那么多。这个怪老头啊，还是那样，心疼我们却不说出口、想念我们却怕我们工作忙碌。希望老师能够健健康康，在每一个我们需要及被需要的时候，相聚在夕阳西下的酒馆或茶馆，诉一番衷肠。

刘秀华：我与法大的不解情缘

张　蕾[1]

刘秀华，1981年调入北京政法学院工作，曾先后在图书馆、校党委办公室、人事处、统战部工作。任统战部部长期间，连续5年组织党外代表人士重走长征路，铸造了法大"走长征路"系列主题教育活动，曾获"北京市优秀党务工作者"光荣称号。2013年退休。

在一个风和日丽的午后，我和秀华老师相约在学院路校区老一号楼。她娓娓道来，在法大32年的岁月就如窗外的阳光般洒满了整个房间，平凡而动人的一幕幕在我眼前展开，请和我一起来听听她与法大的动人故事。

想进入北京政法学院电话班

"您先谈谈是怎么来到学校工作的吧"，笔者发问。"我是1981年7月从当时的北京市农场局调入北京政法学院（1983年改为中国政法大学）的，报到那天我从学校北门进入学校，教学楼里都是黑窟窿，我想着政法学院挺朴素的啊（后来才知道当时学校复办没多久，教学楼很多窗户都没有玻璃）。走到当时老一号楼一层管人事工作的办公室报到时，我本想着到学校电话班工作，因为这个工作只用接听电话，不用和人打

_____

[1]　现任职于中国政法大学学校办公室。

交道。但人事干部说，你是干部身份，电话班都是工人，你去了不合适，于是把我分配到了图书馆。我想着去图书馆也挺好的，守着丰富的馆藏，多看看书吧。就这样我去到了图书馆工作，主要负责期刊编目，后任党支部组织委员。从此，我在北京政法学院扎下根来，工作了 32 年，直到 2013 年退休。"

当时的女神——复办后首批女研究生

谈到刚入校工作时难忘的经历，刘秀华说复办后的第一批女研究生给她留下了极为深刻的印象，只要她们一出现就是校园里一抹亮丽的风景线。记得刚入校时，北京政法学院每周二或周四下午两点都会在教学楼 319 教室开会，会议主题是院领导给师生们传达上级文件、精神。她印象特别深刻的是，女研究生们都会结伴前来，那是复办后学校招收的第一批女研究生，其中有马抗美、曾尔恕、陈丽君、吴雪松等，她们优雅的穿着、不俗的谈吐、卓然的气质让刘老师心向往之，知识女性身上特有的自信、自立、自强的风采让她们身上"笼罩着光环"。"用现在年轻人的话来说，她们一走进教室，我就用'迷妹'的眼神看着她们。"刘秀华开心地说，"你想想，那个年代的女研究生，简直就是我们的女神。"说到这，她眼睛里闪着光，刹那间仿佛回到了那个裙裾飘逸的美丽午后。

▲刘秀华

与"社恐"做斗争

"秀华老师，您做了那么多年人事和统战工作，一定很擅长与人打交道，能和后辈们说说心得吗？"笔者好奇地问。刘秀华羞涩一笑，"用现在的话来讲，我是一个有'社交恐惧'的人，像我现在退休后一整天在家看书不出门，觉得舒服极了，不用和人打交道一直是我期待中理想的生活状态。我刚到北京政法学院报到那天就想去电话班，因为工作只用接打电话，不用和人打交道。但后来因为干部身份还是去到图书馆工作。1983年组织部门找我谈话，9月把我调入党委办公室，先后任副科级秘书、正科级秘书、文书档案室主任、综合档案室主任。

▲刘秀华老师采访现场

1995年4月又把我调到人事处任副处长主持工作，去之前领导找我谈话，我还谈到自己不擅长与人打交道，如果去了干不好还得把我调回来，现在想想也挺幼稚的，别人看了得说你这不是'凡尔赛'嘛，但却是我真实的想法，不能辜负组织的信任嘛。之后我又担任人事处处长，2002年1月到统战部工作直至退休。一个不擅长与人交往的人，却干了一辈子与人打交道的工作，这是组织对我的信任，也是生活的一种际遇吧。"

将心比心才能做好人的工作

"您历任学校多个重要岗位并担任领导职务，克服'社恐'也要干好工作的诀窍是什么呢？"笔者追问。"扎实工作，清白为官，将心比心。"刘秀华笑眯眯地说，"我们那个年代的人基本都这样，需要你干啥就干啥，不和组织谈任何条件。在与人打交道的时候一定记得换位思考、将心比心，最朴素的方法也是最好的方法。我记得任人事处处长的时候，有一天在昌平临下班时，一个同事找上门来，说有个问题要反映下，情绪还比较激动。我把他请进门，泡杯茶让他慢慢说，他边说着情绪就缓和了下来。临走时天都黑了，他说刘老师，我也就是来和您诉诉苦，您帮了我很多，我绝不会找您和学校麻烦的。后来我做统战工作，依然秉持着这样的工作态度，周末和假期经常到党外人士家中走访，耐心倾听他们的需求。之后我又组织学校党外代表人士重走长征路，推出'走长征路'系列主题教育活动，分别以'走长征路 学好传统 谱和谐曲''再走长征路 共铸民族魂''弘扬长征精神 祝福祖国腾飞'等为主题，也是基于把传统的我讲你听变为共同参与，把被动接受教育变为自我教育。在实践活动中，让党外同志真正体会到党领导红军队伍的团结一心、坚强如钢。我们大家总是一路歌声、一路笑声，更是一路豪情。这一系列活动收到了很好的效果。做人的工作就是这样的，很多时候你需要站在对方的角度去考虑问题，那么工作会更好推动，也容易出成效。"

▲2007年4月刘秀华组织学校党外代表人士开展"走长征路"系列活动

艰苦奋斗的法大精神

采访的最后，笔者问秀华老师她所理解的法大精神和传承是什么，刘秀华回答是"艰苦奋斗"。她谈到 1979 年北京政法学院复办时，师生们回到百废待兴的校园，在教学楼、联合楼、礼堂等都被外单位占用的情况下，学生们拎着学校发放的绿色小马扎排队到隔壁的冶金建筑研究院礼堂，参加了复办后的第一次开学典礼；教学楼没有课桌椅（停办时被搬走），学生们每人一个小马扎，用腿当课桌做笔记；没有正式的教材，很多教材都是学院的老师自己编写并由学校印刷厂印制的……复办后的北京政法学院缺乏良好的办学条件，但正是这种艰苦的外在环境激发了师生们奋发图强的斗志，培养出了马怀德、朱勇、怀效锋、郑秦等中国第一批法学博士。79 级的优秀毕业生们奔赴国家建设的各个领域，尤其奋斗在中国法治战线前沿领域，为改革开放后的中国法治建设做出了杰出贡献。

刘秀华最后说道，现在的法大软硬件设施都有了质的飞跃，听说今年新礼堂也投入了使用，学生们终于可以在自己的礼堂举办开学典礼和毕业典礼，可喜可贺！但学院路校区仍一直在建设中，"大工地"离师生们的期待可能还有一些差距，昌平校区的师生们也坚守一隅，继续发扬着法大"拓荒牛"精神，躬耕不辍。从小月河畔到军都山下，"艰苦奋斗"的法大精神不断得到传承，一代代法大人将继续书写与法大的动人故事和光辉篇章。

后记：

第一次见秀华老师是在 2015 年钱端升纪念馆的筹备会上，她优雅的谈吐风度，以及对筹备钱馆的热情深深感染了当时刚工作不久的我。再后来为了敲定钱端升先生任北京政法学院首任院长时在联合楼的办公室的复原场景，及钱老的雕像定稿，秀华老师不辞辛苦，多次和钱馆的主要筹备者王改娇老师、钱老的长子钱大都先生赴怀柔、通州调研，她

严谨负责的工作态度给我留下了深刻的印象。接到这次《政法往事》
第二辑的采访任务，我一下子就想到了秀华老师，于是便有了以上的交
谈和这篇文章，是为后记。

陈向荣与外国语学院

——教书育人的一生

张 磊[1]

> 陈向荣，先后毕业于复旦大学、中国社会科学院，1994年入职中国政法大学，为外国语学院资深教授。2005年退休后被学院返聘，任外国语学院"教学督导员"，后又任中国政法大学"教学督导员"。曾先后被评为我校"最受本科生欢迎老师""优秀教师""特优教师"，以及"全国十大优秀教师"。曾兼任《中国日报》《21世纪英文报》外聘顾问、北京燕京文化专科学校校长。

在法大外国语学院二十多年的发展史上，有一位老师留下了不可磨灭的印迹，他就是陈向荣老师。陈老师自1994年初来法大，1995年开始教书，在外院教学一线一奋斗便是近三十年，获得无数教学奖项。2005年退休后，心系学生的他选择返聘，继续在法大发光发热。

---

[1] 中国政法大学外国语学院副院长、教授、博士生导师，2000—2004年就读于中国政法大学外国语学院英语专业。

▲图左：陈向荣教授；图右：张磊教授

"上课是我的信仰"

从 1995 年开始教学工作以来，陈向荣教了二十多年书，从未落过一节课，从未请过一次假。在他看来，教书就是他的本职工作。由于加入了中国致公党，陈向荣经常收到出国开会的邀请，但他从未因此停课。二十多年来，即使身体不适或是家中有故，陈向荣也从未曾请假，始终把"别的事可以耽误，学生的课不能耽误"挂在嘴边。"记得有一次我骨折了，拄着拐杖去上课。幸好那天的课在一楼，如果在四楼可能就很麻烦了。"

在一些"疯狂"的学期，陈向荣每周授课学时竟长达 28 节。每星期有整两天，除了午饭和晚饭时间，从早上 8：00 一直上课到晚上 9：30。这之后的一个学期上报课程时，陈向荣甚至准备再多加两节课，变成 30 节课，结果被人善意地"举报"给时任外国语学院院长的李立教授。李院长立即给陈向荣打电话，语气中带着心疼，也带着嗔怪："你干吗，不要命啦！少上一点！"在李院长的"强力"建议下，陈向荣才无奈地减掉了 6 节课，变为每周上 22 节课。这样的工作量，对于许多青年教师来说都是十分吃力的，而陈向荣一坚持就是几十年。这样的教书匠精神怎能不让所有后辈敬仰？

退休返聘后，陈向荣共开设包括电影课、正音课、演讲课等在内的四门课。每一门课都饱含他的心血，也都是外国语学院的精品课，受到外国语学院乃至全校学生的欢迎。

其中，正音课是陈向荣一手抓起来的课程。提起办这门课的初衷，他说道，"起初我发现，考上法大外院的很多少数民族学生还有少部分汉族学生，口语基础比较差，跟不上正常上课进度。知道这个情况以后，我就给这些学生单独开了正音课（不在教学计划之内），每个礼拜在厚德楼加开一节，从发音开始，给他们讲解一些基本的语法和阅读知识。后来，学生们给教务处写信，希望这门课能成为正式的课程。经过学院和教务处同意，便有了这门课。"一开始，正音课第一学期只开一个班，结果人数爆满。于是接下来的学期又开到两个班、三个班，再到后来有 40 多个学生。由于选课人数实在太多，最后陈向荣只能每个礼拜晚上九点以后留出一段时间，让学生到办公室，一个一个给他们正音。在陈向荣看来，"正音课其实非常重要，很多孩子口语基础没打牢，他们的发音错误就会一直存在。只有音发准了，英语才能讲好。如果学生过不了发音这一关，他们在学英语的路上，很难自信起来。"在教学的路上，陈向荣老师从未放弃过任何一个学生，只要学生想学，他便会不遗余力地支持。

除了学校的课程外，陈向荣还坚持在校外给小孩子们做英语教学。当年，学院曾想任命陈向荣做副主任，而他为了能有足够的时间给孩子们上课，拒绝了学院的邀请。他不在乎职务的高低，只想把自己的课程教好。今天在中国政法大学人人皆知的"课比天大"那时便是他的信仰。"我很喜欢小孩，以前我们院好多老师的小孩都是我教的，我自己也登报招了一批孩子，从三岁一直教到他们考大学。给他们上课的教材都是我自己编的，一共七册，讲音标、讲语法、讲阅读，贴近生活语境，因此能符合学生不同年龄段的认知。"谈及给孩子们上课的情形，陈向荣总是忍不住绽放出温暖的笑容。

▲陈向荣展示其当年精心编写的英语教材

"最难忘的就是我的学生"

自 1995 年在法大教书以来，陈向荣记忆最深的就是一批一批的学生。他与无数学生结下了深厚的情谊。提起他的学生们，陈向荣满脸都是自豪。

陈向荣曾帮助过很多学生，其中有一个学生让他印象尤其深刻，因为这个学生是陈向荣主动去找的。"在法大图书馆东侧有一排橱窗，橱窗里经常介绍学校的活动以及学生的优秀事迹。就这样，我发现了小 Q。他家里比较贫穷，上学都是靠自己打工赚取学费和生活费。于是我就主动联系到他。"陈向荣当时除在法大教书外，同时也担任民主党派中国致公党创办的北京燕京文化专科学校的校长，负责教华侨的孩子中国语言和文化。每年法大学生要实习时，他都会帮忙介绍到该校做接待人员。实习期间，学生们不光能通过接待外国来的孩子这一机会练习英语，每天还能获得 100 元的报酬。在了解到小 Q 的实际情况后，陈向荣主动将小 Q 推荐到这所学校实习，于是小 Q 通过勤工俭学获得了足够的生活费。后来小 Q 送给陈向荣一个会唱歌的天使玩偶，直到现在都保存在他家中。

陈向荣还提及另一个令他印象深刻的学生小 Y。在她毕业找工作期间，有一回她第二天要去面试，所以住到研究生院这边。那天晚上，陈向荣老师给她送去一件粉红色的羊毛衫，要她打扮得漂亮一点，后来她也顺利地考上了文联。

陈向荣还曾担任《21 世纪英文报》作文比赛的评委。"那时报纸每月都会出一个作文题目，欢迎大学生参加作文比赛。报社工作人员先把不好的稿子筛除，剩下的由我来评奖。有一次我看到一名法大学生的投稿，而且写得确实非常不错，于是我就给了他一等奖。"后来，这个学生受到鼓励以后，就继续英文写作，并且给多家报社投稿。毕业后第二年春节，他给陈向荣老师打电话说，他在加拿大留学。留学回国后，他特意回北京看望陈向荣。这时，陈向荣才知道，原来他以前是一个体育生，英文也不太好，正是因为陈向荣在那次英语比赛中给他的鼓励才使得他有了继续学习的信心和动力。

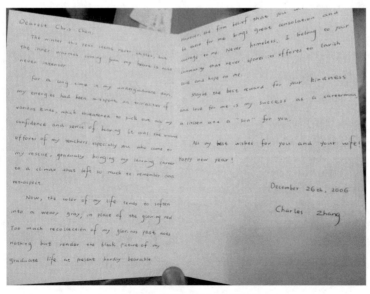

▲陈向荣收藏的学生所寄贺卡

黑发积霜织日月，粉笔无言写春秋。陈向荣将他的精力都奉献给了法大的学生们，在法大的二十多年里无数学生在他的鼓励下取得了进步、收获了成长。而对于外院的发展，陈向荣也同样充满了信心与期待，他相信外院会越办越好，他永远是外院、是法大的一分子。

后记：

鹤发银丝映日月，丹心热血沃新花。经历了七十六年的风风雨雨，陈教授仍然纯粹如初。为了一代又一代学子、为了心中"课比天大"的教育事业而奋斗终身。让人敬佩，让人感叹。

厚德楼 104 教室的每一个机位，永远都回荡着陈教授如洪钟般的声音，永远闪耀着他伟大的光辉。他的悉心照顾和耐心教导令每一位学生都受益终身。他所坚持的教书育人、不求回报、"课比天大"的情怀和精神，永远值得众多的后辈学习和传承。

张锋与行政法学科：芬芳桃李路

姜雨欣[1]

张锋，中国政法大学法学院教授，中央财经大学兼职教授。1979年考入北京政法学院，1983年毕业并留校任教，1984年转入中国第一个行政法教研室，参与了后被称为"中国行政法'大本营'"的法大行政法学科的创建工作。住房城乡建设部法律顾问及城建监察专家，国家七五重点课题"国家赔偿法"课题组成员，获司法部优秀论文奖，是我国资深的法考教育辅导专家。

从25岁在权威期刊《中国法学》上发表论文开始，张锋就一直在行政法领域不断钻研。迄今独著、主编、合著的公开出版的行政法著作、教材已有60多部，独创的博客文章及微信公众号推送合计400多篇，B站上已上传140多个专题讲座的视频，产生了广泛的社会影响。

▲张锋教授

〔1〕 中国政法大学法学院森林宣传中心成员，现就读于中国政法大学法学院2019级4班。

同时，作为一名拥有丰富教学经验的教学名师，张锋三十多年如一日坚守三尺讲台，潜心课堂教学，在校内外共完成2500多个教学周期，教学成绩斐然，多次获得法学院教学突出贡献奖，是学院和学校内深受学生喜爱的老师之一。

"我对行政法专业情有独钟"

张锋与法大的不解之缘还要从1979年说起。作为法大复办后的第一届本科生，张锋以总分第二名的优异成绩被当时的北京政法学院录取。根据他的回忆，当时行政法学这个领域比较年轻，被称为"被人们遗忘的学科和专业"。但年轻的心充满昂扬的斗志，张锋提到自己写毕业论文的时候就对行政法情有独钟，而当时只有4位同学选行政法方面的题目。现在法大的图书馆还可以找到一本名叫《北京政法学院79级优秀论文选》的书，里面就收录了张锋的文章。

作为中国政法大学的第一届毕业生，张锋是学校急需的充斥教师队伍、接班换代的新生代。凭借着对行政法的热爱及刻苦钻研，张锋先担任了行政法教研室的秘书，后来与应松年、朱维究、方彦等老师一起编写了行政法学研究资料汇编（1985年）。后来他在为中国政法大学本科生编写的第一本公开出版教材《中国行政法学》（中国政法大学出版社）中担任主要撰稿人，在《中国行政诉讼法学》（时事出版社）中担任副主编。在被业界称为"黄埔一期"的教育部委托法大举办的全国首期行政法学师资进修班上，张锋既是学员，也是负责生活的班主任（1985年）。从为王名扬先生誊写书稿、旁听研究生课程到为夏书章教授整理讲课录音、备课、写作，在这个过程中，张锋发现自己的口才越来越好，于是越来越专注于讲学，就这样，张锋开始了在行政法领域36年的教学教研工作。1996年5月，在中纪委培训中心为纪委领导干部能力提升与更新法律知识的培训班上，张锋的名字就已经和厉以宁、江平、陈光中、樊崇义一同并列于师资讲者一栏。换句话说，张锋当时就已进入中国行政法讲者的"第一天团"。张锋在中国政法大学系统讲授的课程有"行政法与行政诉讼法""国家赔偿法""行政法专题研究"

"行政法案例研习"及若干专题讲座。2016 年张锋获得中国法学会行政法学研究会颁发的"从事行政法学教研三十年荣誉奖"。

▲2020 年 11 月 18 日法学院 1804 班秋季案例课学生赠送给张锋教授的花束及留念卡片

"我贪恋且不舍这三尺讲台"

三十六载悠悠岁月，三尺讲台一生热爱。在告别讲台的致辞中，张锋曾谈及："我贪恋且不舍这三尺讲台。"在他看来，站在大学的讲台上授课是一件博雅的事，教师这种职业带来的荣誉感是独一无二的。

至今，张锋还对第一次走上讲台的场景历历在目，他回忆道，1985 年的下半学期，在学院路校区 408 教室为本科 83 级学生讲授行政法课程，那是他第一次走上讲台，写板书时由于过于紧张、用力过大，两次写断粉笔，引来了台下一阵笑声。他打趣说，"后来就有经验了，写板书之前要把粉笔折断。慢慢地，我积攒了很多驾驭课堂的经验，也就变得老到而从容了。"从初登讲台时的青涩，到如今的老道从容，是通过完成校内外 2500 多个教学周期的努力与汗水换来的。

孟子曾说过"得天下英才而教育之",这也是张锋一直追求的目标。于校园之内,张锋在法学院匿名评教的分数常常名列前茅,多次获得法学院教学突出贡献奖。20 世纪 90 年代初即被学生法学会聘为三名顾问之一。这几年他所带的六年制法学人才培养模式改革试验班置入课每次的结课告别讲话都能赢得同学们真诚的掌声,张锋感叹,"插在鲜花中的卡片留言往往表达了学生对我一个学期教学的首肯,我将其视为最高的荣誉和奖赏,这是一种犹如运动员获得冠军后手捧鲜花站在领奖台的感觉。从事的职业常与鲜花与掌声为伴当然让人留恋。"于校园之外,张锋亦诲人不倦。"作为法大的教师,社会服务的对象就应该是全国的,而不应限于某一个城市或者是某一个小的群体。"作为我国资深的法考教育辅导专家、依法行政教育培训中心特聘教授,他对行政法方面的考试命题规律有深刻、独特的把握,讲学足迹遍及 31 个省级,张文康、汪光焘等十几位省部级领导曾聆听其讲授。中央组织部和中央党校联合录制的十八大报告系列辅导视频课中由张锋主讲的"依法行政下的政务公开"在紫光阁微平台中央国家机关学习平台获得全国领导干部2014—2015 年度点击率排名第一。他将法治理念、行政法专业理论与知识传授给更多人,获得各类学生、学员普遍好评。

得到学生的肯定与喜爱,张锋有属于自己的"独家秘诀"。在教学生涯里逾两千多场的讲座、讲学中,为了帮助学生理解抽象的法律规定,张锋独创了可让学生形象理解、记忆的"五指论、经纬论、纵枉论"等,在某些抽象的法理、法律规定教学中准备了诸多"撒些胡椒面""点几滴香油"的"调味品"来活跃课堂气氛。当讲到较为枯燥的学理和抽象条文时以及每当学生有些分神或听不进去时,他还会"抖"个包袱,以形象思维助力理解抽象的规定。学生在听到有趣的内容时往往会心一笑,而这可以刺激教师的语言的幽默机制,就像相声的"捧哏和逗哏",他们笑得越多,教师的语言就会越机智幽默。张锋认为,"人都有一种实现话语权的需求,而教师这个职业则最能满足人的这种需求。同时这个职业非常高尚,因为其承载着传道授业解惑的功能。"正是凭借着这份荣誉感和责任感,张锋在三尺讲台上持续播撒着对行政法学的热爱。

▲法学院行政法研究所于张锋老师退休仪式上赠送的卡片

"只要我还能被法治教育需要，我就不会产生失落感"

虽然已经告别心爱的讲台，但张锋仍然认为最能体现自我价值的还是讲课。他的字里行间流露着对教书育人的倾心和真情，"在给学生讲课的时候会受到有益的刺激，自己的语言机制的反应也会变快，心情也更加愉悦。"

莫道桑榆晚，为霞尚满天。经年累月地坐在电脑前熬夜备课、写作后，张锋表示希望在休息一段时间后，有机会可以接受邀请做新的专题讲座。对张锋来说，即使已经从教 36 年，但他对课堂的热爱依然不减，反而历久弥坚，他将教学定义为"一种口耳相传的形式和艺术"，现在他最大的乐趣就是用心完善 170 多个专题讲座的 PPT 课件讲义。张锋表示，在普遍采用多媒体教学的今天，需要 PPT 作为内容提示。当教学内容重复了很多次、已经烂熟于心的时候，他就具有更加丰富的课堂教学经验，而且授课能力显著提升，在教学中能准确讲出法条序号和内容。所以无论是为本科生、研究生授课，还是讲解考试辅导型课程，他都得心应手。"想要讲好法考等辅导型课程的老师至少需要10年的本科教学经验积累，因为只有这样，才足够应对报考法考的学生的提问。"张锋对教育教学孜孜不倦的追求源自对前沿问题的敏感度和捕捉力，他认为，"教学既需要熟能生巧，也需要一定的科研做支撑。我们需要有对前沿问题的敏感度和迅速捕捉处在学科前沿问题的能力。"同时，张锋受邀参加了《国家赔偿法》《行政诉讼法》《行政许可法》《物业管理条例》《专利代理条例》等30多部行政性法律法规的起草，对立法背景的侃侃而谈更使其教学备受欢迎。

"在中国行政法学领域，我不是论文、专著写得最多的人，我在理论联系实际方面做得比较突出。"张锋这样客观地评价自己，"现在和未来我期望值最高的可能还是做一个法治建设、行政法前沿方面的专题。展望今后，行政法学的前途不可限量。只要我还能被中国的法治教育、教学所需要，还能为中国的全面依法治国、法治政府、法治社会建设奔走呼号，我就不会产生失落感。"

诲人不倦三十余载，铺就芬芳桃李路。张锋用自己的满腔热情诠释了何为师者风范，他说："掌声与鲜花为伴，这是从事职业最高的荣誉和奖赏。我愿为中国行政法学科的建设鞠躬尽瘁，奋斗终身！"

后记：

我第一次见到张锋老师便是在今天的采访中，之前与张锋老师沟通采访事宜时就深深感受到老师是一位儒雅又热情的人，而在今天一个多小时的采访过程中，我深感张老师对行政法学科以及讲课的热爱。师者，所以传道授业解惑也。三尺讲台对于张锋老师而言，承载了太多热爱与智慧。我也深深敬佩张锋老师为中国的全面依法治国、法治政府、法治社会建设奋斗、奉献自己的力量这样的情怀与追求。张老师孜孜不倦，可谓春风化雨，润物无声。

张建荣与法大：孜孜不倦画大小方圆

贾娜琳捷[1]

张建荣，中国政法大学教授。1984年6月进入中国政法大学工作，曾先后在法律系办公室、国经系办公室、法社会学和青少年犯罪研究所、犯罪学研究所等部门工作。1996年后主要从事教学科研工作，讲授"刑法总论""刑法分论""刑法学原理""犯罪学""被害人学""青少年犯罪与少年司法""少年越轨法律诊所"等课程。曾荣获全国法律专业硕士论文优秀指导教师、中国政法大学优秀教师、中国政法大学教学贡献突出的教师等称号。2016年退休后至今，在中国政法大学任返聘教授，并在北京警察学院任客座教授。

张建荣老师凭借着幽默风趣、贴近生活的讲课风格，成为法大最受学生们喜爱的老师之一。自从他1984年来到法大后，就一直有着从事教学工作的志向，在面临基础设施条件差、交通不便利、口音不适合教学工作的多重困难下，仍一边从事行政工作，一边自费学习普通话，最后考上了北京大学刑法学的研究生，毕业后如愿进入中国政法大学法社会学和青少年犯罪研究所从事教学科研工作。时至今日，张建荣在法大工作已近四十年，其博学的知识和亲切的口音早已成为同学们心中不能替代的美好记忆。

---

[1] 中国政法大学商学院讲师。

初入法大：苦中作乐岁月

1984 年 6 月，张建荣作为从西南政法大学选派的 10 名毕业生之一，来到中国政法大学工作。"那时昌平新校尚处在筹建的起步阶段，基础设施不甚完备，校外交通也不太方便，仅有的一号公寓楼仅盖了两层，除此之外全是一片庄稼地，没有商店、没有超市，更没有公交站点，一切都还是建设中的样子。因而，那时昌平新校尚未正式招生，这也导致所有的本科生、研究生都挤在老校，即现在的研究生院里学习、生活与活动，相当拥挤。能见到的稍像样的一幢楼房，就是现在的教学楼，连操场都没有，开全校运动会时只能租赁老校马路北边的首都体育学院运动场。所以当时不论是同学们还是老师们，都是在有限的资源下进行学习和生活的……我还记得当时从西南政法大学托运来的行李，是存放在学校临时租用的在大钟寺的一家简易旅馆中，开学前才被统一拉到了昌平西环路的一幢教工集体宿舍楼内。"

工作初期，张建荣在海淀校区工作，却居住在昌平西环里教工集体宿舍，每天早出晚归，往返于海淀和昌平之间。当时的物质条件并不丰富，能改善生活的家电还很少，后来为了方便，免于奔波往返，他临时住到海淀校区老一号楼二楼存放清洁工具的小房间内，总共不到 3 平方米。后来这个小房间被拆除，张建荣仍每天起早贪黑地奔波于海淀与昌平之间。条件虽艰苦，但对工作的坚持和热爱一直支撑着他。"那时班车内夏天没有空调，热得难受；冬天没有暖气，冻得直哆嗦；中午也没有一个可以休息的房间，只能在办公室的办公桌上稍趴一会，闭目养神。"

从那时起，直至今日，一晃就是近四十年的时间。光阴似箭，日月如梭，现在法大已经有了设施齐全的教学楼，老师们也有了休息室，昌平校区与海淀校区往来的直达班车方便了教学工作，生活条件也改善了许多，师生们都拥有了丰富的生活体验。四十多年的工作时光，张建荣从未因为条件艰苦而离开法大，始终是法大一名忠实的教工，直至退休，又连续返聘至今。

▲2013 年 6 月 6 日，张建荣正在为本科生授课

不忘初心：从事教学事业

张建荣在工作初期，并未能从事一直希望的教学工作。"一开始的职业发展与我的规划其实是不一致的。我在西南政法大学读本科时，其实成绩还算名列前茅，表现也不错，从那时开始我就一直向往从事教学工作，因为我很享受与年轻人共同探讨知识的过程，也希望能为中国的法学教育事业贡献自己的一分力量。"然而事与愿违，张建荣最初进入法大时被安排到法律系担任辅导员，主要负责行政管理工作，这一做就是十多年。"口音重、普通话不标准是影响我从事教学工作的致命硬伤，但这十多年来我从未因此放弃从事教学工作的信念，这也是我一直坚持下去的动力。"为了提升自己的普通话水平，张建荣一边认真对待自己的本职工作，一边积极努力做出改变。他找到中央人民广播电台播音系的女教师吴郁教授，自费向她专门学习普通话，从声母、韵母等基本功入手，学习发音规则。随后以迂为直，一鼓作气考上了北京大学刑法学的研究生，毕业后经曹子丹教授的介绍推荐，进入了法大法社会学和青少年犯罪研究所，从事专职科研工作，之后又转入了刑事司法学院，边

科研边教学，直至最终于犯罪学研究所，开启了以教学工作为主、以科学研究为辅的新征程。在其后的教学生涯中，因教学贡献突出、深受学生欢迎、科研成果丰硕等成绩，正式评上正教授的职称。退休后多年来，张建荣既在法大当返聘教授，又在北京警察学院当客座教授，同时讲授五六门专业课程，直至今日。

谈及从事教学工作的感受，张建荣提到，"教学是每个老师的本职工作，看到课堂上学生们求知欲旺盛的样子，我不想辜负他们汲取知识的热情，也体会到了与学生们一同学习新知识、帮助他们答疑解惑的快乐。"为提升教学效果，张建荣会在周末和假期不断完备课件，力图让学生们学习到有惊喜的新知识；无论必修课还是选修课，都会用细腻而新颖的方式为学生们解读知识点，帮助学生快速理解并深刻记忆相关内容；还会将生活中的实例融入枯燥的法学理论，以增强学生们的代入感和参与感，更直接地体会到法学学科的魅力。在张建荣看来，"对于老师而言，活到老学到老也是很重要的，必须要通过科研来不断充实自己的知识，为学生们带来最前沿的信息。"而谈及自己的乡音，他说，"有些学生反馈听不懂时，我会通过板书和 PPT 进行更加深入地解释。另外有些学生认为这种充满乡音的普通话别具特色，反而会主动与我交流，这对我而言也是一种惊喜。"

行胜于言：投身援藏支教

回忆过去在法大最深刻、最难忘的往事，张建荣想起了自己带病支援西藏的经历。2011—2012 年期间，张建荣响应学校号召，积极投身援藏支教工作。"当时我虽已年过半百，并患有轻度心脏病，但仍然积极报名，到最艰苦的地方去，到祖国最需要的地方去。校领导和人事处领导收到我的报名申请后，对我的身体状况和家庭情况等都逐一细加过问，并给予了我极大的鼓励和支持，最终批准了我的援藏支教申请。"

为适应高原气候，张建荣提前开展了很多针对性的身体锻炼，努力提高自己的身体素质。"一开始确实会担心自己能否适应高原气候，因为很多人援藏时会出现严重的高原反应，但是援藏工作是我的一个情怀。尽管高寒缺氧、道路艰险的恶劣自然环境会让人心生畏惧，但我还是义无反顾地去了西藏。"他感慨道，"这一整年下来，我瘦了20多斤，但还是克服重重困难圆满完成了援藏工作。我觉得这次经历既是对我人生的一种挑战，也是一次难得的机会，让我能在不同的平台和岗位上得到历练。这次援藏经历也成为我人生中最为宝贵的财富，我也接收到了很多来自法大的关怀，我真的很感激。"

张建荣在法大工作近四十年，法大已经成为让他倍感温暖的家。在他看来，法大一直是一个"宽松友善、各尽所能、平等和谐"的大家庭，张建荣为自己能成为其中的一员而倍感荣幸与自豪，同时也衷心祝愿这个大家庭及其所有成员能继续发扬艰苦奋斗、勇于拼搏的精神，在教学、科研等各个方面再创辉煌，把法大真正建设成为全国乃至全世界的一流大学、知名大学！

后记：

恰逢中国政法大学建校 70 周年校庆的特殊年份，有幸采访了张建荣老师，在今天近两小时的访谈过程中，我深感张建荣老师对法学教育的热爱，对学校工作充满着极高的热情。

通过这次交谈能感受到张建荣老师作为一名退休后的返聘老师，在回顾法大悠悠岁月里最难忘的故事时流露出的真情实感。也通过这次机会，我与张建荣老师一同重温了法大 70 年的沧桑变化与艰苦奋斗的历程，回想法大 70 年的岁月征程，揭示法大 70 年的人文底蕴，从而共同为法大 70 周年校庆献礼，这显得特别有意义、有必要、有价值。张建荣老师一直为我们法大师生继续艰苦奋斗、砥砺前行、争创全国一流大学的热情、信心和拼搏精神感到自豪。

忆事

初心如磐

溯本求源

书海耕耘鉴古今

良法善治铸法章，严谨治学传校魂

屈高翔〔1〕　　李希楠〔2〕　　陈浩楠〔3〕

廉希圣，1932 年生，1954 年毕业于中国人民大学法律系，中国政法大学宪法学教授，博士生导师。曾任中国政法大学法律系教研室主任，研究生院导师组组长。中国宪法学会名誉会长，曾任中国宪法学会秘书长、副会长，北京市宪法学会会长，中国香港法律研究会理事，中国政法大学比较法研究所所长兼港澳台法研究室主任，校学术、学位委员会委员，《比较法研究》主编，兼职律师等。

"我的人生有三件大事，作为新中国第一代律师（受司法部指派）为日本战犯做辩护，参与'82 年宪法'修改工作，参与港澳基本法的起草，但我也是一名匠人，教书匠。"廉希圣教授这样介绍自己。耄耋之年的廉希圣亲和慈祥，童心未泯，家中除了各种法律典籍与荣誉奖章外，还摆放着一幅画作———一位老者倚靠着堆砌的书堆，跷起腿，逗着鸟，鹤发童颜，自得其乐，题字有"有人来就说我不在家"，意蕴十足。午后静谧惬意，阳光温和冉冉，廉老神采奕奕、思维敏捷，对他的政法往事娓娓道来。

---

〔1〕　中国政法大学光明新闻传播学院网络与新媒体研究所讲师。
〔2〕　现就读于中国政法大学光明新闻传播学院 2019 级新闻班。
〔3〕　现就读于中国政法大学光明新闻传播学院 2019 级新闻班。

▲廉希圣先生采访现场

与法大结缘　与宪法矢志同行

"我来法大，算起来已经六十七年了。"时光如昨，廉希圣回忆起与法大结缘的点滴："我是怎么来法大的呢？这涉及我们党对法学教育的关注和投入。"廉希圣见证了从北京政法学院到中国政法大学的发展，感受着国家对法学教育的重视。1954 年，廉希圣从中国人民大学毕业后被分配到北京政法学院教书，这与他从事公检法等实务工作的志向相悖，所教授的专业也是他毕业前学得不好、不感兴趣的宪法专业。廉希圣既诧异又忐忑，读大学时新中国还没有一部自己的宪法，那时对宪法的概念很模糊。但在法大从事宪法教学时日久了，廉希圣对宪法的态度也转变了。"了解了宪法以后我改变了不喜欢的心态，我觉得宪法作为根本大法可以研究的方向有很多，它是政治性很强的一部法律，很值得研究。"廉希圣就这样与法大结缘，与宪法结缘，将源源不断的热忱投入到他一生最热爱的事业上。

廉希圣是中国宪法界德高望重的历史亲历者和学界权威，他先后参与了 1982 年《宪法》起草和两次修订工作。1980 年至 1982 年，廉希圣被借调至宪法修改委员会秘书处，暂停了潜精研思的教研工作，开始了兢兢业业的修订工作。作为秘书处的一员，廉希圣在一线工作中全程参与实际问题，在全民讨论与意见征集时，他与同事接听群众电话、整理群众意见，搜集了 100 多万条群众意见，把各方面的修改意见编成《全民讨论宪法修改草案意见汇集》（共五集），期间他务实做事，收获颇丰。回忆起在秘书处坐班工作的时光，廉希圣不禁思索："两年的修订工作，应该说是影响了我的教学工作，一方面我上不了课，另一方面两年的时间至少可以写出两三篇文章，或者出本小专著，但是在秘书处工作期间是没有时间写作的。但我衡量了一下二者，哪个收获大呢？我认为还是参加修订工作。"

后来廉希圣又两次参加中央对宪法修正的讨论，对宪法进行修订与弥补，又以法律专家的身份全程参与了《香港特别行政区基本法》《澳门特别行政区基本法》的起草和制定工作，见证了这两部具有极高价值的法律的诞生，推动着国家的法治进程。

▲廉希圣获"中国宪法学发展特殊贡献奖"

学校复办　再续育人铸法故事

1970 年 12 月，北京市革委会决定撤销北京政法学院，廉希圣被派往河北师范学院教授国际共产主义运动史。1978 年 12 月，北京政法学院复办，根据教学要求学校调回了一批教学骨干，廉希圣也重新回到北京政法学院，继续自己的教学生涯。

当被问及对治学执教的感言，廉希圣笑谈道，"对'学者'这个词，我一直释义为'我是学习者'。"他的经验是，"做一个好的教员，首先必须要做一个好的资料员。"廉希圣至今还保持着剪报和记笔记的习惯，他认为通过这样的方法把知识积累起来，必然会受益终身。多年来廉希圣一直秉持的治学格言是：积累、探索、消化，在工作中凸显"个色"，补足稀缺的资源，在学术的发展道路上追求无限。

廉希圣还回忆起当年的工作环境，感叹道，"我们来北京政法学院工作的时候校舍很简陋，简陋到我们连一间正式上课的教室都没有，当年的条件确实很艰苦。"

如今法大即将迎来七十周年校庆，廉希圣回顾自己六十七年的法大教学生涯，不禁感慨："'大学之大不在于大楼，而在于大师'，虽然我们的硬件受到了些限制，但是法大仍是一流的法学教育基地，我们的师资力量在全国的法学院校里头应该说还是不错的。"七十年发展变化，法大日新月异，"如今我们新盖的科研楼刚刚启用，教学设备配备蛮齐全的，学校七十年的发展我们是有目共睹的，作为法大教师，我感受深刻。"

与习近平总书记握手交谈　见证法大法治事业

2017年5月3日，习近平总书记考察法大期间亲切会见了几位资深教授，其中就有廉希圣教授。"总书记感谢我们能为我国法治理论研究和法治人才培养做出贡献。"廉希圣回忆起当时与习近平总书记握手交谈的情境，激动万分，"当时我提到'依法治国，首先要依宪治国'这个观点太好了，1982年我们实行法治，实行法治得是良法善治，为什么依法治国首先要依宪治国呢？因为我们的宪法是一部好宪法，良法善治就是要实行法治这个目标啊。"

法大作为法治人才培养的重要阵地，贯彻落实习近平总书记考察法大重要讲话精神，坚持中国特色社会主义法治道路，立德树人，德法兼修，培养了大批高素质法治人才。谈及我校法治人才培养，廉希圣也有着深刻的体悟，"我应该以我们中国政法大学的毕业生为荣，如今全国各地大部分公检法系统，都有我们的学生，他们各司其职，各显其能，为基层法治建设奋斗，我为他们骄傲。"同时他也教导自己的学生，无论是钻研学术，还是工作办事，都要秉持着"研究问题、解决问题，要从中国实际出发"的态度。

全面推进依法治国是一项庞大的系统工程，法大在践行全面依法治国理念、法学学科建设以及法治人才培养方面为推进这项工程坚持不懈，久久为功。"建设社会主义法治国家是一项庞大的系统工程，它的动态表现是什么呢？有法可依，有法必依，执法必严，违法必究，就是这十六字方针。"作为法治事业的亲历者，廉希圣谈起自己对法治建设的见解，"我们学校很多老师不仅传道授业，为社会培养高素质法治人才，还参加了立法工作，推动社会主义法治建设，为国家法学教育与立法工作做出了些许贡献。"

九十载春秋修律法，七十载育人谱华章。作为法大七十年发展历程的参与者、亲历者与奉献者，廉希圣对法大感情深厚，对政法往事娓娓道来，展现出严谨细致的学术高度与务实思维。鲐背之年的他，严谨治学，探求法律之理性，为定国安邦建言献策，为共和国的法治建设绵绵用力，持久用功。

后记：

采访廉先生前，说实话我很紧张，但采访开始后发现廉先生非常亲和且心态年轻。廉先生在鲐背之年，仍然才思敏捷、逻辑清晰。这次与廉先生的采访是我离立法者最近的一次，与其说是采访，不如说是听了一场讲座。通过廉先生的讲述，我受益匪浅，从一名立法者的角度来看法律，这是研读文献所不能收获的。其中廉先生提出的"良法善治"思想值得品味，我们今天推行依法治国，便是需要依宪治国，而依宪治国靠的便是良法。

与法大结缘的十八年

宋 超[1]

方尔加，中国政法大学教授，本科及研究生教学督导员，中央电视台《百家讲坛》栏目主讲人。曾先后在北京大学、中国社会科学院、中国人民大学学习。2003年从中国青年政治学院调至中国政法大学任教，2005年中国政法大学马克思主义学院成立后，任马克思主义学院马克思主义原理研究所教授，2015年退休后担任教学督导员。在校期间多次当选学校"最受本科生欢迎的十位老师"。

很多人初识方尔加，是通过中央电视台《百家讲坛》栏目。方尔加教授的课堂，是十几届法大学子的共同记忆，当年在方老师的课堂中得到的启迪、悟到的道理，至今仍为很多法大毕业生所津津乐道。2003年，方尔加作为引进人才，从中国青年政治学院调至中国政法大学人文学院任教，2005年到马克思主义学院工作，是马克思主义学院的创院元老之一，曾担任学院学术委员会负责人以及校学术委员会委员。2015年退休后，方尔加接受学校的邀请，承担了教学督导员的工作。直至今日，已通过不同途径为法大的教育教学事业倾心付出了18年。

法大印象：法大的天是明朗的天

谈起初入法大的感受，方尔加回忆道："到法大工作后，我感觉风清气正，所到之处都是灿烂的阳光！"与方尔加接触过的人都知道，他为人低调谦和、风趣幽默，时常能将复杂的事情赋予精妙得当的比喻。方老师很认可法大实事求是、尊重公理的校风，"法大是一个好的平台，大家能够良性互动，有公心，讲原则，守规矩；在学术讨论上，政法大学是包容又开明的沃土，能做到'学术研究无禁区，课堂讲授有纪律'。教师之间互相搭建平台，互当垫脚石，相互激发优点，相互弥补缺点。"

方尔加授课水平极高，在中国青年政治学院任教时，就连年当选最受学生欢迎的老师。到中国政法大学后，又是连续几年获评"最受本科生欢迎的十位老师"。初入法大，很多师生慕名前来听他讲课，向他请教学习，这种勤奋向学的氛围，令他十分感动。

▲2005 年，方尔加教授为本科生讲授"马克思主义哲学"

方尔加认为法大上下一盘棋、守规矩、讲原则、互帮互助，是个认可个人能力的地方。一所学校的风气、氛围，就是"集体的潜意识"，无需明说便能从众人的眼神、表情、神态，感受到"集体的潜意识"所形成的"文化场"。这种集体的共同默契会形成裹带个人的文化漩涡，也是儒家所讲的正风正气，移风易俗，时间久了就改造了个人。

育人有方：授之以渔，润物无声

"我刚在学校办完退休手续，人还没回到家，聘请我做教学督导员的电话就到了。"从退休那天起，方尔加就担起了学校教学督导员的重任。法大的教学督导员，须是各学科德高望重、有责任心、有学术影响力的退休教授，负责监督学校的课堂教学质量，直接对分管教学的副校长负责。已连任三届教学督导员的方尔加，每周都会到昌平校区听课，单是本科课程，就已经听评了两千余门次，听课反馈表摞起来已经有五岁小孩的高度。方尔加很认可法大年轻教师的学术水平，督导听课过程中，也时常与年轻教师分享教学经验，授之以渔，帮助老师们提升教学技艺。"法大的校风就是'实事求是，尊重公理'，我印象最深的是我当督导的这些年，批评过不少老师，但没有一个老师找我胡搅蛮缠。一些我提过意见的老师，后面我再听他们的课时，发现他们确实吸纳了我的意见。闻过则改，这跟学校风气有关，老师们都很正能量。"

对于学生，方尔加多年如一日，在课堂讲授与课后互动中，积极耐心地对有疑问的学生进行单独指导，引导学生以史为鉴进行哲学思辨，给学生以润物无声的思想引领。

治学之道：从"硬知识"到"软知识"

方尔加的国学造诣很深，这一点毋庸置疑。在方尔加看来，不论是读书治学还是为师教课，都不光需要知识与经验的长期积累，最关键的是结合实际。而与实际的结合程度，则亟需丰富的人生阅历作支撑，这也正是当下很多青年教师所欠缺的。"我听过一些老师讲国学，讲得比较浅，归根结底还是因为缺少阅历。就像钉钉子，老师傅不会直接下锤，他会先比划一下，如果没有相关的实践你就理解不了这个动作，会觉得这一下很多余。像我在农村当过木匠，我才知道老师傅比划这一下太有道理了。所以孔子有句话，'三年无改于父之道，可谓孝矣。'就是说父亲去世之后儿子当家，三年不要改变父亲的做法，之前你可能看不惯父亲的一些做法，那是不当家不知柴米贵，先按照父亲的方式做，做的过程中你才会知道，父亲这样做是有道理的。"方尔加年轻时在农村当过生产队长、在工厂当过车间主任，见证改革开放四十余年，这些阅历对他在课堂讲授中结合实际非常有帮助。他坦言，"无论是讲国学也好，还是其他任何学科也好，最关键的是一定要结合实际，好多人认为'越听不懂越高深，越听不懂越好'，一些老师也觉得讲得越悬越好，这是不行的。就像哲学家叔本华所说，凡是不能用通俗易懂的语言讲出来的，说明你没真懂。"

在方尔加看来，知识分为"硬知识"和"软知识"，"硬知识"就是理论知识，能够用明确的语言表达出来，"软知识"则需要通过长期实践才能体悟，只可意会不可言传。"硬知识"能考试，"软知识"没法考试，需要长期的体验，却说不出来，只能靠悟。方尔加始终主张，新教师要到实践当中去，就是希望年轻教师能用自身已经掌握的"硬知识"去实践中碰撞，悟出一些课堂学不到的"软知识"，只有"软知识"才是被消化了的、更有营养的知识。具备了足够的"软知识"，才能更好地服务于社会主义教育事业，免于在象牙塔中闭门造车，对于教师的科研和教学，都是大有裨益的。

殷殷期待：给青年教师和法大学子的建议

作为教学督导员，方尔加非常了解法大教师的课堂教学情况。他注意到一些中青年教师的课程内容与社会生活的融合不足，人文综合素质也有待进一步提升。"人文社科类的教师，一定得看新闻、听广播，对现实的关注度不够，又怎么能扎根中国大地，给学生讲好中国故事呢？"方尔加期待，法大青年教师的知识面进一步拓宽，思想水平进一步提高，讲课方式更加生动活泼，课堂讲授与实际联系更加紧密。他希望青年教师能到实践中去打磨，去工厂、去贫困地区、去社区、去基层了解情况。"只有脑子里存了东西，老师们才能讲得出来，课堂讲授也才更有精气神。"这种源于实践的精气神能与学生的心灵产生共振，对学生的影响力不亚于学会课本上的知识。而教师人文综合素质的提升，则是学校教学质量乃至办学水平提升的关键。

对于法大学子，方尔加期待他们以学习为第一要务，珍惜韶华，静心读书，追求真理，甘于寂寞，以发现真理为乐，以掌握真理为荣。希望年轻的学子在刻苦、勤奋的同时，还能有一颗执着、报国的心。不论何时，都能心怀祖国，为国家、为中华民族的振兴而努力。这也是一位老教授对法大未来的殷切期待。

后记：

第一次收看方尔加老师在《百家讲坛》的讲座时，我还是一名高中生。2018 年 9 月，我开始负责学校本科教学督导组秘书处的工作，也有幸结识了已经连任两届本科教学督导员的方尔加老师。方老师为人低调谦和，讲话诙谐幽默，既有知名学者风范，又十分平易近人。这几年间，每当在昌平校园的班车站看到手拎大公文包安静候车的方老师，都有万千感动涌上心头，为老教授对学校教育教学事业的热爱，也为这份公心和乐于奉献的情怀。

在今天两个小时的访谈过程中，我感受到了方老师对法大精神、法大文化的高度认同，也体会到了一位老教授对法大未来发展的殷切期待。作为社会认可度极高的名师，方老师一直紧扣自身经验，将教书和育人的道理娓娓道来。方老师相信，育人之功成不在朝夕之间，对学生的思想引领要化于无形，这也对教师的综合素质提出了更高要求。他呼吁教师讲课时要结合实际，要到实践中去磨练品格、增长见识，要获取足够的"软知识"，而不仅仅是拿课本上学来的"硬知识"灌输给学生。方老师期待，未来法大的学术水平和教学能力能够再提高，培养出更多有思想、有见地的法学家和人文学家。

书海耕耘鉴古今

韩文生[1]　磨赛珂[2]

> 屈超立，中国政法大学政治与公共管理学院教授、博士生导师、院学术委员会委员、学位委员会委员。1982 年毕业于四川大学，1985 年 7 月获得四川大学历史学硕士学位，后师从著名法学家张晋藩先生，1996 年 7 月获得中国政法大学法制史博士学位。主要研究领域为中国政治制度史、中国法制史。

　　1996 年屈超立教授自中国政法大学法制史博士学位毕业后留校任教，回首在法大的近三十载，他在三尺讲台上传道授业解惑，以奉献启迪学生的心灵，躬亲传递学以致用的社会责任感；他在中国法制史的学术研究领域心无旁骛，用心传播中国文化、讲好中国故事、树立属于中国法制史的文化自信。

漫漫求学路，贞贞史学志

　　因家学渊源，屈超立教授自幼嗜好史学。他的父亲是一名中学语文教师，家中囤了许多书，屈超立教授也因此养成了爱读书的习惯，而各类书籍中，他最喜历史。"我从小就非常喜欢历史方面的知识，还记得那时候读《古文观止》，虽然只能算是囫囵吞枣地读，但非常受启发，总

---

〔1〕　中国政法大学法律硕士学院党委书记。
〔2〕　中国政法大学政治与公共管理学院博士研究生。

觉得这些名家的文章写得非常精炼，思想很受冲击，从中引发思考。"上学时，他酷爱《三国演义》《水浒传》《水浒后传》，《史记》《汉书》等典籍也时常翻阅，《三侠五义》《七侠五义》这些经过多年反复锤炼的武侠小说更是读了不少。正所谓："熟读唐诗三百首，不会作诗也会吟。"在屈超立教授看来，史学和国学基础的奠定都离不开勤下"背功"。"像胡适先生那个时代的学者，为什么国学基础那么扎实，就是因为从小就要背书，熟背四书五经。而曾被孙中山先生誉为'三个半精通英文的'辜鸿铭先生也是一样，能够把歌德等经典作家的文章和诗歌倒背如流。学习真是要靠这个功夫，一定要背才行的。"正是这样一种因趣而发的阅读习惯贯穿了屈超立教授的童年和青年时代，也对他后来的人生选择与发展产生了深远的影响。

20 世纪 70 年代中后期，大学逐渐恢复招生。出于对中国历史的偏爱，屈超立教授在报考大学时毫不犹豫地选择了学历史。对此，他坦言，"我是确确实实喜欢中国历史。"在四川大学就读的七年间，他沐浴着川大悠久的历史和浓厚的学风，全身心沉浸在对中国历史知识的学习之中，如饥似渴地阅读，并将其视为最大的乐趣。谈及此，屈超立教授感慨："川大七年严格的专业训练，包括古汉语基础得到进一步强化，为我后来研究中国法制史奠定了非常重要的基础。"

1993 年，出于对法制史的兴趣、对中国古代法制状况的好奇，怀揣着学习历史以致用的广阔胸怀，屈超立教授选择了报考中国政法大学中国法制史方向的博士研究生，师从法制史大家张晋藩先生。"那时我就希望，从历史中汲取一些对现在有借鉴意义的、能够发挥现实作用的东西，而我想，对现在最有价值的应该就是法律方面的借鉴。"谈及他的导师张晋藩先生，屈超立教授则是满怀深情、充满景仰与赞誉，他说："我的导师张晋藩先生可以说影响了中国法制史研究的走向，他写了那么多的书，我们从照片上能看到那不只是著作等身了，真的是书比人还高了一大截。现在谈起对中国法制史研究最顶尖的一定是咱们学校了，这是学术界公认的，而这与张晋藩先生的杰出贡献密不可分。"

回忆起张晋藩先生的时候，屈超立教授提及一个细节："张先生做学问做得很扎实、很刻苦，以前林中老师在世的时候，他们伉俪早上六点钟就起床，简单收拾一下，六点半或者七点左右两个人就开始写作了。真的是几十年如一日，笔耕不辍。日复一日，年复一年。"彼时的法律史研究谓之"诸法合体、民刑不分"，而张晋藩先生在做了大量富有成效的研究之后，创造性地提出了"诸法并存、民刑有分"的学术观念，这对后来学界重新认识古代民法、民事诉讼法产生了重大影响。在张晋藩先生的引导下，屈超立教授的博士论文选题也聚焦在了宋代的民事诉讼方面。

▲屈超立教授 2009 年在云南大学参加全国政治学与
行政学博导论坛时摄于昆明滇池

孜孜研习涯，勤勤传道者

　　法制史是中国政法大学最早招收博士研究生的专业之一。20 世纪90 年代，因博士生导师数量少，所以各所大学的博士生招收名额都很稀缺，当时法大全校总共只招八个博士研究生，可见其竞争的激烈程度。"那个时候博士生都住在一号楼，我住的 302 房间，就是三楼靠东边第二间，马怀德校长就住在斜对面，我入学那一年他刚毕业，还有陈瑞华教授住在我隔壁，他大概比我早入学一年。"回想求学那三年的时光，他感叹，"那三年是真正专心致志在读书，现在回想起来，写博士论文实实在在是个痛苦的过程，确实很不容易，非常累，真正写起来也是压力山大，但是咬咬牙扛一扛就过来了。"

屈超立教授的博士论文研究的是宋代民事诉讼，除与张晋藩先生的影响有关，是一个很重要的原因是他对宋史的研究有浓厚的兴趣和一定的基础。毕业以后，屈超立教授选择了留校任教，他的博士论文也被改编为《宋代地方政府民事审判职能研究》出版，引发了海内外学者的关注。在他看来，学术研究与文化自信之间密不可分。"现在我们强调文化自信，提得非常及时和必要。文化自信首先源于几千年来延绵不断、辉煌灿烂的中国古代文明历史。其中，中国古代政治制度、法制史是十分重要、也非常具有研究价值的领域。对法制史的研究本来就是讲好中国故事的一个重要方面。而在中国法制史研究领域，张晋藩先生是主要奠基人，带领我们塑造了这一领域在国际上的绝对话语权和影响力。所以，讲好中国故事，既要潜心做好我们自己的学术研究，也要致力于文化的对外传播。"谈及自己的著作也引发了海内外不少学者的关注，屈超立教授谦虚地摆摆手说，"能有这些积极的反响，能为传播中国文化尽绵薄之力，我还是很欣慰的。"

▲屈超立教授 2021 年 8 月采访现场
中为屈超立教授，左为磨赛珂，右为韩文生

切切师者心，谆谆诲生言

从求学到任教，转眼已在法大数十载。白驹过隙之间，屈超立教授陪伴了一届又一届的法大学子，也见证着他们的不断成长与蜕变。他谈及二十多前与学生的一次讨论，仍是历历在目、印象深刻。"有一次我在上课的时候组织学生讨论科举制度的问题：是不是因为科举制度让读书的人都去读四书五经而不去研究科学技术问题了，从而科举制度阻碍了中国的科学技术发展？学生们对此讨论得很热烈。有一个学生在发言时提出，科学技术在古代主要是从劳动实践中产生，古代读书人有其自身使命，既是社会分工不同，也是学科发展过程中的正常现象，所以科举制度的发展并没有影响科学技术发展，反而是一个社会稳定器，对科学技术的发展起着积极作用。"能够从科学技术在古代社会的来源和社会的分工等多方面具体地去分析科举制度的作用，屈超立教授认为这样的学生很有自己的思考，"虽然他是本科生，但能够提出这些认识，真的很出乎我的意料，这样的学生真是很不错的。"

在谈及法大学子的独特精神气质时，屈超立教授脱口而出，"我最明显的一个感受，归纳为四个字——'经世致用'。无论是咱们的法学学科，还是政治学学科，都是和国家治理、社会生活关系非常密切的，所以咱们的学生和社会互动也比较多，能够主动、深入地接触和了解社会生活，社会活动能力、办事能力也都挺强，学以致用这个方面做得很好。"这样的精神，在法大是一脉相承的，相信今后的法大学子还会继续发扬光大。

而在提及如何才能培养出更优秀的大学生时，屈超立教授认为读书能力对于每一个学生而言都是至关重要的。"读书能力主要体现为理解能力、怀疑能力和创新能力三方面。学生应当在阅读中怀疑、批判，形成自己的观点看法，持之有据、言之有理。而培养创新能力的同时更应当扎根传统文化，从历史中汲取有益经验，并树立文化自信。而随着科技的发展，学生也应当充分运用网络视频资源，并多主动与老师交流，通过互动更加有效地提升自己的能力。"屈超立教授感慨，"学生在校只有短短的四年时间，时光非常宝贵，而不管是学生时代还是未来都要多多读书。因为知识是日新月异、不断发展进步的，我们只有永不停歇地坚持研究、终身学习，才能始终跟上这个伟大的时代。"

后记：

在这次访谈过程中，屈教授的睿智、乐观、自信、幽默再一次深深感染了我们，那是一种从历史中走来的透视古今的力量。屈教授在求学之路上，从自己恩师的人格魅力和卓越建树中找到了奋进方向，同时，他又以自己的独到心得传道授业、教书育人，这便是师道传承，老教授们孜孜不倦赓续的正是真正的法大精神。

倾注一生带你领略中俄民法之美

——记 90 年代以来法大系统研究
俄罗斯民法典第一人：鄢一美

陆　叶[1]

> 鄢一美，法学教授，硕士生导师。1979 年考入北京政法学院法律系，1983 年本科毕业后留校在中国政法大学法律系民法教研室任教，曾先后在中国政法大学、俄罗斯国立莫斯科大学、俄罗斯人民友谊大学学习和交流，其对俄罗斯民法典的系统研究填补了相关理论研究的空白，多次获评学校优秀教学奖、教学特别奖、法律硕士学院"十大最受欢迎教师"，2016 年 8 月退休。

对鄢一美老师的了解，是从学生写给她的一封感谢信开始的，我清晨六点醒来后拿起翻看，看完后瞬间红了眼眶。学生称呼她为"一美姐姐"，"是一位大神级别的民法老师。在法大，你可以不懂法，但不能不知道一美姐姐。一美姐姐的'民法总则'课，是六点零二分就贴满占座条的疯狂，是小板凳填满阶梯教室的拥挤。"学生当中流传着"爱你就帮你占一美姐姐民总课座位"的誓言，"她的课程有着让人即使在小板凳上坐到腰酸也不愿意离开的力量。"

这是对一位在法大从教三十余年教师的最大褒奖吧。带着对她的无限崇敬，我走近了她，一位有着清爽利落短发、温文儒雅的老师。当她

---

[1]　现任职于中国政法大学人事处师资科。

提到在课堂上学生们的眼神都齐刷刷地看向自己时,她说,"我太享受上课这个过程了",她如弯月的眼睛与空气中弥漫着的幸福气息,深深地感染了我。

传承之美:"他们说我的上课风格像小李慧君"

1979年9月,鄢一美作为北京钢厂的一名天车工考入北京政法学院的法律系求学,成为复办后的北京政法学院的首届本科生之一,也是中国政法大学成立后的首届毕业生之一。79级同学的"勤奋好学"与"取得的瞩目成就",被称为"北政一期"现象。她回想求学时光,耳畔回响的仍是小月河旁的琅琅读书声,"我们都特别珍惜这来之不易的上大学的机会,求知欲特别强,学习热情也特别高。那时学校食堂简陋,学生都是端着饭盆站着吃饭,也没有凳子。条件虽然艰苦,但大家的学习热情丝毫不减。"费安玲教授与她是79级3班的同班同学,"她当时是副班长,我是团支部书记。她很有思想深度,给我们年龄小一些的同学们带来了很大的影响。我们都把她当成大姐姐,有什么高兴、不高兴的事都愿意跟她聊一聊。"

1983年9月,鄢一美大学毕业后留校并在中国政法大学民法教研室任教。四年后昌平新校区迎来了第一批学生。她对任教初期往返两校区教学的往事记忆犹新。"那时的班车每天有两到三趟,车子破旧,路上颠颠簸簸、尘土飞扬。因为家离校较远,为了不耽搁第二天上午的课程,我们需要提前一天赶到昌平校区宿舍。傍晚,年轻老师们会在一起探讨如何上好新开的课程,其乐融融。而到了晚上,我要回到黑咕隆咚、寥寥无人的教师宿舍,当时年轻难免会有些害怕。我记忆犹新的是,教研室的姚新华老师,每次都送我到宿舍,并用手电筒把屋里上上下下,连床底下甚至柜门都打开照过一遍,检查屋里有没有藏匿坏人,确认安全并叮嘱我锁好门后才离开,如此帮我检查了整整一学期。"后来随着班车频次的逐步增加,鄢一美可以乘坐晨间班车去昌平校区上课,"我那会时不时就会梦到由于堵车没赶上班车。前一天晚上睡着后也会时常起床看表,一看是凌晨三点,再一看是凌晨四点,生怕自己晚起错过了班车。"实际上在三十余年的教学生涯中,她没有迟到过一次,她以敬业的教师样态,三十余年始终坚守在教书育人的第一线。

▲2007 年,鄂一美教授和同事们讨论教学改革

谈及法大对自己影响深远的老师,鄂一美说,"每所大学,都有几位指引你、改变你的老师",她心怀感恩地提到了张佩霖老师和李慧君老师。两位老师平日都是"低调做人,高调做事,淡泊名利,默默付出。他们的民法课程,场场学生爆满,特别受学生欢迎"。在她初进教研室任教时,张佩霖老师任教研室主任。在寒风凛冽的冬日,张老师来到她家中家访了两三次。鄂一美回忆道,"那时候的冬天特别冷,张老师头戴一顶呼扇呼扇的大棉帽,手戴棉手套骑着一辆自行车来到我家。他的耳朵不太好,还戴着助听器。他不仅与我聊,还与我的父母聊。张佩霖老师嘱咐我要'教好每一个学生,上好每一堂课,用一生去体会为师的价值',他的话对我影响至深。他的每一次到来,都会让我心头一暖。"

教研室的李慧君老师则率先垂范,给鄂一美留下了深刻的印象。她回忆道:"李慧君老师是我在本科读书时就非常喜欢的民法老师,我留校任教后,与李慧君老师同在民法教研室。李老师每次上课前,都要提前一小时赶到教研室,将讲稿放在桌上,默默地伏案备课。当时我总想,李慧君老师教学经验如此丰富，上课生动娴熟、逻辑清晰，可她还如此精益求精。真的是'台上一分钟，台下十年功'。她严谨治学的作风、学无止境的学风与深入浅出的授课方式，对我影响非常大。以至于后来我的同事们都说，我的上课风格与李慧君老师特别像，一脉相承。"

前辈们在喧嚣之中坚守本真，以崇高的师德之光诠释着身为教师的使命与担当，言传身教培养出大量杰出人才。这也激励着鄂一美至信至诚地为法学教育全心倾注自己的心力。即使从教多年后，她每次上课前还是不停地查阅资料、修改课件，她的先生曾打趣道，"怎么上了一辈子课了，还在备课？"她说，"给学生一瓢水，自己需要有几桶水的储备。"有时早晨新发生的新闻和事件，她会即刻放进上午的课程中去讲。她回忆道，"有时为了一堂课，需要备课一个月。上法律课要讲前沿的理论，讲立法新动向，讲理论的争议点和难点，一个问题要从不同的角度反复地去讲，这就需要倾注大量的时间去备课。"从教三十余年，她从未使用过重复的课件。

她竭心尽力的付出令课堂充满了激情与灵动，获得了同事和学生的一致好评。费安玲教授回忆道，"鄂老师的授课风格十分突出，她的课程内容详实有趣，思路清晰，逻辑性强。无论是在最初的民法教研室时期、之后的民商法教研室时期，还是现今的民法研究所时期，她的课程都是所里最受欢迎的课程之一。"而学生们也会通过发自内心的感谢回馈她诚挚的爱与付出。一位来自新疆的学生，等鄂老师下课后追上她，塞给她一包家乡的大枣，"老师，请不要问我的名字，也不要多想，我就是看您太辛苦，想让您尝尝我家乡最大的枣。"冰雪严寒的冬日，学生也会关切地询问，"老师，您为什么总不戴手套？"当她简单地回答"我没有这个习惯"之后，第二天在她的讲台前已放好了一双毛茸茸的手套。婚姻法学家巫昌祯老师曾对学生说过一句话，"你们拥有一个世界，而我却拥有你们"，这是一种身为教师在精神上的幸福，鄂一美也深有同感。

魅力课堂:"一美姐姐的课一节也舍不得翘"

鄢一美说:"有一次上课,我乍一看到一位学生时,有些心慌意乱,她怎么刚上完前三小时的课程,又跑到我下堂课的教室来了?"不过鄢老师转而又说道,"其实这种感受很好,是学生在不断提升我。"一位同学回忆,"我其实是一个不爱学习的人,但她的课我节节都去上,一节课都没有落过,因为舍不得。这是我学得最好的科目,也许分数没有特别高,但它是我学得最明白,也是最感兴趣的科目。"

鄢一美用她的教学艺术引燃了学生求知的热情,滋润了学生的成长。而这背后,是她为了成为民法学教学"全才"而倾注的近三十年的时光。她回忆道,"当时我们民法教研室主任张俊浩老师和我在莫斯科大学的导师都与我说,一个合格的老师,一个真正的研究者,应该把所学的专业全部融会贯通。民法学老师应该通讲民法,而不是只讲其中一个部分。在讲述总论时,能用分论中的各种案例来诠释特别抽象的理论。就是要把抽象的民法讲'活'。在民法总论之外,物权法、债权法、合同法、侵权行为法、继承法等课程,我都从头到尾讲了很多遍。而为了实现全部民法课程的贯通,我用了二十余年的时间。至今为止,仍需完善。"

▲2016 年,鄢一美教授退休前在课间为学生签名

师爱无痕，润物无声。鄢一美在授课时从来都是站着授课，即使不间断讲授五小时，也是全程站立。学生问起缘由，她说，"站着讲课，才会有激情，也才能与同学互相交流。"她上课时神采飞扬、妙趣横生，下课铃声响起，学生时常会给她报以长时间的热烈掌声。课间或课后她都会耐心答疑，直至学生没有问题了她才会离开。

为了便于了解学生的学习情况，她请儿子帮她建立起"问了么"个人教学网站，每晚她都会进入网站给学生逐一答疑。她解释说，"上完课当天就能为学生解答困惑，特别及时。哪怕他们问一个非常简单的问题，我也会思考下一堂课应该怎样去讲这个问题。讲课除了要讲教学大纲中的内容，还要根据实践的需要，讲学生想听、能在实践中运用的内容。大学上课的基本特点是，学生只能在课堂上见到老师，有了自己的个人教学网站，就会与学生离得特别近。"她三十年如一日潜心教学，以扎实学识和仁爱之心筑起了学生们的梦想。

播种希望："三十年时光中最难忘的课堂"

鄢一美从教三十余年，无数个课堂中，令她最难忘的是在贵州平山小学和妥那益小学给山区孩子们上的法律课。她说，"'法泽天下、经世济民'是法大人共同的情怀。育人不仅体现在校园课堂中，更体现在现实生活中。"在法律课上，她告诉孩子们，"法律就是告诉你们什么是对与错。"但世界上还有很多事情不能以对错简单分辨，比如出生，比如机遇，比如梦想。她跟随中国扶贫基金会探访时，沿着孩子们每日上学的道路爬山爬坡，体会到在这种艰苦条件下，孩子们每日风雨无阻坚持上课的不易。探访前，她和先生在北京买了 100 个 LED 节能灯带到山区，分别送给两个小学，但后来才发现这些灯泡很难派上用场——很多教室里连电线都没有，孩子们必须在天黑前完成作业。

当鄢一美在课堂上问及孩子们的理想时，好几个孩子都说"我想当一名老师"。她进一步询问孩子们缘由时，不少孩子都哭了。一个小女孩哽咽着说，"我们太缺老师了，我想让我们山里的孩子都能读书。"鄢一美回忆说，"他们清澈的眼睛里掩藏不住对改变自己、改变山区的渴望。我这才理解，为什么在学校操场上会有背着孩子上课的老师，这是在城市学校里完全看不见的现象。如果没有他们无私的奉献，怎么会有孩子们美好的未来。"

▲2018 年，鄂一美教授走进贵州威宁山区为孩子们授课

今年是鄂一美参与中国扶贫基金会"加油计划"公益项目的第八年，孩子们在信中称她为"远方的亲人"，她的课使孩子们坚定了走出困境的信心。她也欣喜地看到，山区学校由于项目的资助，有了食堂、有了操场、有了图书，孩子们吃上了营养的饭菜，背上了崭新的书包，她说："这更坚定了我们继续支持这项工作的决心。教师职业的伟大，不仅体现在校园课堂中，更体现在现实生活中。"而更可贵的是她行善如流的举动，在法大师生中、在社会上播下了"爱的种子"。她把自己的探访体会写成文字，经传播时，师生们纷纷留言，"这世上，总有人在我们看不到的地方，默默发光"；"我们要追随鄂老师的脚步，前行之时不忘举起一盏灯，积极关注公益扶贫的事业"；"她是一位用生命影响生命的老师，我们也要做有情怀、有大爱、有家国心的法律人，把爱当成一种习惯。"中国扶贫基金会推文发出的第一天，就有 100 多人成为"加油一起成长"的月捐人。当人们对山区孩子的牵挂转化为思想，当思想转化为行动，当行动变成习惯时，爱的涓涓细流就汇成了爱的海洋。

留俄深造:"90年代以来法大系统研究俄罗斯民法典第一人"

1991年9月至1995年11月,鄢一美受国家留学基金委的选派,前往俄罗斯国立莫斯科大学法律系攻读博士学位,师从俄罗斯民法典的主要编纂人之一苏哈诺夫教授。鄢一美是这个时期首个前往俄罗斯学习法律的中国研究生。关于求学的初衷,她提到,"真正的教育者,需要忠于自己的学问,有丰厚的思想积淀。从教七年后,我觉得需要扩大自己的知识储备。我是学俄语的,中国与俄罗斯的民法理论有许多相似之处,我在备课时,对有些理论总感到困惑,非常想知道理论的来源,于是萌发了去留学的想法。"

其中还有两段令她念念不忘的小插曲。她当时面临着"前往意大利工作一年"或"前往俄罗斯读博四年"的两难选择:前往意大利工作,经济上获益较大,也能较快回国照看家中的孩子;如果读博,需要先考试,万一考不上,两个机会均丧失。但她最后选择继续深造,参加了当年全国研究生招生考试,成功获得了当年学校唯一的留学名额,公派前往俄罗斯国立莫斯科大学——"能长期踏实坐下来钻研学问的地方"。

在留学前一周,鄢一美到寄宿学校接刚上小学一年级的儿子回家,看到儿子朝她跑来,想到即将出国,对孩子满心的留恋与不舍,眼泪止不住哗哗地流。待母子俩即将乘车回家时,她才想起刚刚只顾抹眼泪了,连孩子的衣服和书包都忘记拿了。提起这些,鄢一美说,"我总感到对孩子亏欠较多。但是赴俄留学也大大提升了自己。中西文化的交流与思想的碰撞,国外学者严谨的科学态度和做学问的方法,使我实现了自身思维模式的转变。"

回国后在法大任教的二十余年间,她刻苦钻研、笔耕不辍。鄢一美说,"我家书柜里关于俄罗斯民法的书,都是我一本一本买来的,许多是一手资料,可能比首都图书馆的相关存书还多。"她编写并出版了专著《俄罗斯当代民法研究》,翻译了俄罗斯民法典、婚姻家庭法典、继承法、不动产交易和不动产登记法共4本译著,参编民法学教材共7部。发表了《俄罗斯所有制关系的变革及其法律形成》《俄罗斯第三次民法法典化——写在俄联邦新民法典中译本出版之际》《俄罗斯知识产权立法与民法典的编纂》等学术论文 20 余篇。

她主持了国家社科基金项目"俄罗斯转型期民法法典化研究"、国家留学基金委项目"中俄民法比较研究"等多项科研课题。专家们对课题均给予了高度评价："项目完成，既需要她具有深厚娴熟的俄语功底及对法律俄语的了解掌握，又需要对我国和俄罗斯民法学和民法典的历史及其基础理论有深刻的理解，才能完成这样一部涉及方面广、需要资料多、研究难度大的高水平研究项目。""其研究颇具时代意义、理论价值与应用价值，是关于俄罗斯社会转型与民法法典化动态关系与辩证发展的高质量研究报告，对我国正在进行的民法法典化编纂提供了有益的学术帮助和理论贡献，具有极大的借鉴意义。它也是高等法律院校师生深入研究俄罗斯民法理论的重要参考文献。"

费安玲教授在谈及鄢一美的学术贡献时说，"对法大来讲，鄢老师是 1990 年代以来从民法理论研究的角度系统研究俄罗斯民法典的第一人，填补了相关研究的空白，且成果颇丰。她对俄罗斯民法典的研究，不仅对于法大，而且对于全国民法学的理论研究也是贡献卓越、意义非凡的。"

哲学家塞涅卡说，"人生如同寓言，其价值不在于长短，而在于内容。"鄢一美在教学与科研工作中始终践行着"追求真理、严谨治学的求实精神，甘为人梯、培育后学的育人精神，勇攀高峰、敢为人先的创新精神，和淡泊名利、潜心研究的奉献精神"。她曾深有感触地提到，"我在俄罗斯求学时，有一位 90 多岁的老学者，前一天时我还在听他讲课，第二天却听说他去世了，这使我大受震撼。教育是一种信仰，是一门引领与唤醒的艺术，而教师是个终身的职业，只要足够热爱它，便可为此奉献一生。我是这么想的，也会一直这样做下去。"

后记：

从鄢老师答应接受我的采访开始，便开启了我与她相识的奇妙缘分。令我印象最深刻的是，在学校班车上我接到了鄢老师打来的电话，她说，"写我的内容没有用上，没有关系，但我希望你能帮我在行文中写下贵州威宁山区孩子们的故事。"我知道，她是希望对山区孩子们的关爱，能心手相传。

她提到学生时眼神是炙热的，话语也变得绵密起来。她给予了学生一种"富有生命力"的教育，引导学生去渴望学习、去独立思考、去明法笃行、去心怀家国、去追求"灵魂之善"。教育学家夸美纽斯说，"教师是一切善行的公正、积极、坚决的活的模范"，要作为孩子们生活中的榜样。而鄢老师，就这样不经意地、如心灵雕刻师一般地出现在了我的面前，并唤起了我与读者们心灵的力量。

▲2021 年 6 月，陆叶采访鄢一美教授

回顾抗疫谈自信[*]

徐长宝

> 徐长宝，1957 年 6 月出生，1977 年 6 月毕业于昌平卫生学校，1977 年参加工作，内科主治医师。1986 年 6 月加入中国共产党，1991 年 3 月调入中国政法大学校医院工作。2017 年 6 月退休，党组织关系转入离退休干部党委第 29 支部，2019 年 10 月担任第 29 支部书记。

今年，我们迎来了建党 100 周年华诞。作为一名入党 30 多年的退休老党员，不免心情激动，感慨万千，恰逢离退休干部党委开展庆祝建党 100 周年征文活动，借此谈点心得体会。

回顾我们党的历史，始终把人民的利益放在第一位，人民至上；生命至上，一切为了人民健康，把预防为主作为我国卫生工作的方针。中华人民共和国成立 70 多年来，我们党领导全国人民开展爱国卫生运动，除四害，改水改厕，极大地改善了卫生环境；建立了群防群治、防治结合的传染病防治体系，有效预防和控制了传染病的发病和传播；开展疫苗的预防接种，先后消灭了天花和脊髓灰质炎。

2020 年，全国人民在党中央的英明领导下，取得了抗击新冠疫情的决定性胜利。我们退休党员，虽没有像钟南山那样重披战袍，再返战场，也没有像抗疫勇士那样与病魔厮杀，抢救生命，但我们遵守纪律，严格遵守抗疫法律法规，居家坚守，外出戴口罩，绝不暴露自己于新冠

---

* 原文摘自离退休工作处编印的《我的红色记忆——中国政法大学离退休老同志庆祝建党 100 周年纪念文集》，第 265~269 页，有删减。

病毒，同样为抗疫斗争做出了自己的贡献。

我 1986 年入党，1991 年调入中国政法大学校医院工作，一直负责学校的传染病预防控制工作，参与了我校 2003 年抗击"非典"和 2009 年抗击"甲型 H1N1 流感"两次重大传染病防控工作，见证了在学校党委领导下众志成城战胜疫情的场面。

2003 年"七一"前夕，我和从抗疫前线凯旋的杜飞、吕宪华同志被评为校级优秀共产党员，吕宪华同志还被评为北京市优秀共产党员。2009 年国庆 60 周年庆祝活动后，我和校医院的几位同志被评为"国庆 60 周年群众游行活动先进工作者"。我珍惜这些荣誉，深知取得不易，但我从不敢以抗疫功臣自居，深知如果没有学校党委和各级领导的支持，没有全校师生的参与和配合，自己将一事无成。

当今所面对的多是呼吸道传染病类的重大疫情，防控的关键环节是切断传播途径，阻断人与人之间的传播。我们学校按照党中央的部署，果断采取了封校和隔离措施，迅速有效地控制了疫情蔓延。我主要负责校内的流行病学调查和隔离工作，其中压力最大的是要解决隔离场所的问题。2003 年抗击"非典"的时候，北京市建立了小汤山医院收治确诊患者，密切接触者根据政府要求居家隔离，高校学生中的密切接触者由高校自行解决隔离问题，好在我们的校医院是单独建筑，三楼设有十几间观察室，还有厕所和电梯，经过简单的改造，添置了饮水设备，就建成了标准的隔离病房，每个房间可以住 3 个人。只是房间太少，如果疫情控制不住，根本不能满足隔离的需要。大约一周之后，在学校疫情防控办公会上石亚军书记问我还有什么要求时，我只提出需要准备更多的房间用于隔离。学校有关部门立刻腾出了房间，虽然后来没有启用。当时没有防护服，田院长让护士长从库房中找出两件手术服给我当防护服穿，两周之后才采购到带帽子的防护服。

2009 年，我们抗击"甲型 H1N1 流感"时，是把所有经上级医院发热门诊排查确诊为流感样症状的患者进行隔离观察治疗，要求每个房间只能住一人，不到一周，校医院三楼的隔离病房就住满了，经学校领导协调，在国际交流中心的北楼和地下一层开辟了 60 多个房间，作为隔离治疗室，完全满足了疫情防控工作的需要。当时，北京的核酸检测技术不像现在这样先进，采样之后需要 3~4 周甚至更长的时间，检测结果才能反馈到单位。记得是 2009 年 10 月底，学校办公室接到北京市疾控中心的通知，我校有两名同学被确诊为"甲型 H1N1 流感"，我当即查阅有关登记材料，确认是民商经济法学院的两名女生于 9 月下旬患有流感样症状，经隔离治疗已经痊愈。当时的民商经济法学院分党委书记非常负责，主动打电话给我，询问需要采取什么防控措施。冯世勇副校长也高度重视，连夜召集各学院领导开会，部署防控工作。

在隔离治疗工作中，饮食服务中心的领导和同志们功不可没。民以食为天，被隔离治疗的同学不能与外界接触，一日三餐都靠送餐，况且生病的同学食欲差，对饭菜营养卫生的要求也很高。饮食服务中心的领导和同志们从疫情防控的大局出发，克服一切困难，为隔离治疗的患者提供免费送餐服务。

我和有些同学熟识也是在疫情隔离期间，如现在学校工作的王书丰老师，2003 年抗击"非典"时，他曾是"密切接触者"并在校医院进行隔离观察，印象最深的是他与我一起探讨我校的疫情能不能防控得住，当时他和他的同学们一点都不紧张，很乐观。他赌定他们宿舍那位被诊断为"非典疑似患者"的同学肯定没事，并分析说："昌平位于北京的上风上水，学校已经封校，防控措施严密，完全可以防控得住。"我同意他的分析，对疫情防控充满信心。

2009 年抗击"甲型 H1N1 流感"时，患者都被单独隔离治疗，漫长的 14 天，同学们要独自面对病痛、孤独和寂寞，绝大多数同学在被隔离治疗的同时学会了坚强，也有个别同学心理较脆弱。记得有一天我查房时，有一个新生泪流满面地在打电话，开始我以为她在和母亲交谈，听了一会儿才知道她是在和辅导员老师交谈，虽然没有听到老师说了什么，但见女孩止住了泪水，现出了笑容，我突然意识到，在隔离治疗的背后，学校学工系统的辅导员老师也为防控工作提供了强有力的支撑。

我在疫情防控工作中主要负责密切接触者和疑似患者的隔离管理，是唯一与他们接触的医务人员。每天要在隔离病区进行两次查房，测量并记录体温，同时也要记录临床治疗情况；晚上还要汇总学校的发病信息，向昌平区疾控中心报告，工作压力和工作强度非常大，也十分疲惫。但当我看到一批批的密切接触者离开，一个个疑似患者隔离期满走出病房时，顿感信心倍增，充满力量。

由于我没有机会进行出国考察，且以前媒体和杂志的报道不够全面，使得我一直以为欧美国家在疫情防控方面不论技术水平和经济条件都比我们好些。直到去年那场席卷全球的新冠疫情，媒体进行了全方位的报道，我才知道欧美的防控政策在疫情面前是如此不堪一击，而我国人民在党中央的领导下，完全控制住了疫情。

在几十年的工作实践中，在与疫情的博弈中，我们建立并增强了自信，在与资本主义的比较中我们进一步坚定了道路自信、理论自信、制度自信和文化自信。站在建党 100 周年的时间节点上，我们对建设社会主义强国，实现中华民族伟大复兴的中国梦充满信心。

不忘初心　牢记使命　永远忠于党[*]

张蔼灿

张蔼灿，1937 年 11 月 1 日出生于河南省汲县白河村，1958 年 9 月至 1962 年 7 月在北京政法学院上大学，1962 年 7 月至 1972 年 4 月在北京政法学院工作，1972 年 4 月至 1979 年 2 月在安徽大学工作，1979 年 2 月至 1997 年 11 月在中国政法大学工作。1997 年 12 月退休至今。

我出生在旧社会一个贫困农民的家庭，往事如昨，我不能忘记。1949 年国民党军队被人民解放军打得溃不成军，逃跑时，在所到之处大肆抢劫，到我们村庄时也是如此，凡是能带走的东西都被抢劫一空，国民党的败军在抢走我家仅有的一点救命粮时，爷爷因反抗被打伤。更惨的一幕发生在我的邻居家，邻居老太太的女儿快要临产，老人好不容易为女儿攒了一点鸡蛋，也被匪兵抢去，尽管老人苦苦哀求也无济于事。没有了鸡蛋，老人天天哭泣，由于受到刺激，精神失常，整天学母鸡下蛋时发出的"咯哒咯哒"的叫声。老人显然是疯了，不久眼泪流干，心血耗尽，就这样糊里糊涂地离开了人间。

在中国共产党领导之下，经过 28 年浴血奋战，于 1949 年建立了中华人民共和国。我的家乡和其他地方一样，开展了轰轰烈烈的土地改革运动。运动伊始，村里热闹了起来，我跟着农会干部丈量土地，在村里

　* 原文摘自离退休工作处编印的《我的红色记忆——中国政法大学离退休老同志庆祝建党 100 周年纪念文集》，第 188~193 页，有删减。

演话剧进行宣传，鼓舞贫下中农士气。也是在那时，我家发生了一件令人难以置信的事情——收到了一封父亲从远方寄来的信。父亲是1937年离家出走的，12年杳无音信，有人说他在过黄河时被洪水卷走了，奶奶哭坏了双眼，爷爷精神几近崩溃。从来信中我才知道父亲在"卢沟桥事变"后同好友一起到延安参加了八路军，因为豫北是国民党统治区，他恐家人遭受迫害，所以未和家里通信。同时我也知道了父亲在去延安的路途中遭受了许多难以想象的困苦。

在之后和父亲的交谈中，我知道了父亲除在前线作战外，还参加过南泥湾大生产，在大生产中他不惜力气，多次超额完成开荒任务，受到上级奖励。在解放大西北战役中，他作战勇敢，身负重伤仍不下火线，坚持指挥战斗，表现出一个共产党员、人民战士不屈不挠的、顽强的战斗精神。父亲对我的影响深远，是我政治道路上的引路人。

1949年是我人生中极不平凡的一年，我家门上挂上了"军属光荣"的大牌子，全家人喜气洋洋，我也能正式地上学读书了。这些事情使我心灵深处发生了很大变化，在以后的学生生活中，我学习努力，并在政治上严格要求自己。在父亲的启发教育下，我萌发了要加入中国共产党的想法，为此，更加刻苦锻炼，关心党和国家大事。抗美援朝期间，我多次给志愿军战士写信，向最可爱的人报告国内的大好形势，鼓舞战士们的斗志。我也收到过志愿军战士的回信，鼓励我好好学习、好好进步，还收到了朝鲜币。在中学学习期间，我被选为校团委委员，被评为勤工俭学模范以及校、县级工作模范。1954年12月27日，我被批准加入中国共产党。在当天的日记中，我写到：这一天是我永远不能忘记的一天啊！从这一天起，我的一切都属于伟大的党了！

1958年我考入北京政法学院（中国政法大学前身），学校在政治上对学生要求很严格，强调政治理论学习，重视参加社会实践。得益于在学校的四年学习生活，我为党工作、为人民服务的思想觉悟得到进一步提高。

我毕业留校后，在党的基层组织中长期担任支部委员、支部书记、总支部委员、总支部副书记等职务，这使我认识到党的基层组织工作的重要性，尤其是在高等学校，这项工作具有特别重要的意义。由于工作努力，做出了一些成绩，组织上给了我很高的荣誉——校级优秀共产党员，对于这个荣誉，我永远珍惜。

我有十多年从事学生辅导员工作的经历，包括本科生和研究生的辅导员工作。辅导员是学校党组织派往学生中做思想政治工作的人员。因此，把党的教育方针落实到基层、落实到学生中去是辅导员的首要职责，辅导员要把党的教育方针作为一条红线贯穿于工作始终。根据政治法律的特点，要把学生思想政治水平提高放在首位。

在政治教育系工作时，根据学校安排，我两次带领学生深入农村参加劳动、调查研究。一次在北京郊区，一次在广西。农村确实是教育人、锻炼人的好课堂。我和学生同吃、同住、同劳动、同工作，深入群众宣传党的方针政策，为他们解决有关问题。我和学生均感到收获不小。

如何把思想政治工作落实到教学中去，其中重要的一点是，政工人员要帮助学生端正学习态度、明确学习目的，使他们能够刻苦钻研，努力把自己培养成高素质的法律人才，为国家多做贡献。我时常和研究生导师沟通并交流意见，找出问题，及时解决，把思想政治工作落到实处。

辅导员如何把思想政治工作做得更细，谈心是一个好办法。谈心不可居高临下、不可说大话、不可说空话，要实事求是、有针对性、言之有物。谈心不能占用学生的上课时间，只能是休息的时间，所以这是一件很辛苦的事情。但即使再辛苦，我也一直坚持着，并使之常态化。

毕业生落实工作是学生的一件大事，这是学生经过几年辛苦学习后，开花结果的日子，辅导员也应主动帮助毕业生找到一个合适的工作，这期间，我和我的同事总是及早收集用人单位信息，随时提供给学生参考。有的单位还需要我们登门拜访，我们在必要时会采取灵活方法，根据学生学习的专业特点和自身情况，在不影响学生撰写毕业论文的前提下，推荐安排学生到用人单位帮助工作，以增进双方相互了解，推进双向选择，为毕业生顺利落实工作打下良好基础，这样做的效果都比较好。

在这个阶段，政工人员要针对毕业生中存在的盲目攀高、这山望着那山高等不正确、不实际的想法，帮助他们树立正确的就业观。通过这些工作，毕业生们提高了思想认识，愉快地走上了工作岗位。

我由于工作不惜力气，做了些实实在在的事情，曾获校级服务育人先进个人奖、校级政工系统鼓励奖、院级优秀工作者奖。

北京政法学院所设专业一度被定为绝密专业，这对法律专业教学工作提出了更高的要求。为此，学校建立了新的资料室，主要收集、整理来自公、检、法的一些资料和案例等，我被调去做这项工作。收集公、检、法资料很不容易，有的单位怕泄密不愿意把资料给学校，我克服困难和多个部门进行联系，收集有关资料。在我和同事的共同努力下，一些单位和机关把我校作为发文单位，如此一来，资料的来源有了固定渠道，支持了法律教学，受到了学校的表扬。北京政法学院校报刊登了我的工作照片，对我进行鼓励，这更加激发了我的工作热情。

至今我已退休 23 年，回头看走过的路，工作中取得的成绩完全归功于党的教育和培养。退休后，我遵循的原则是：共产党员退休不褪色。退休后，我做了几年党支部工作，做了几年社区工作。进入耄耋之年，已心有余而力不足，但思想不能落伍，我争取参加校内外的活动，平时多收听新闻广播，努力学习领悟习近平新时代中国特色社会主义思想，注意锻炼身体少生病，为国家节约开支，做一点间接贡献。

眼望着祖国的大好河山，天天开心，度过每一天！

功崇惟志，业广惟勤

孟小迪[1]

> 侯廷智，中国政法大学教授，中国政法大学党校教员，本科及研究生教学督导员，教师志愿者服务团成员。1995 年在中央政法管理干部学院工作，1997 年中央政法管理干部学院与中国政法大学合并，2002 年中国政法大学组建商学院后，于商学院任教，2005 年被评选为"中国政法大学优秀教师"。

1997 年，中央政法管理干部学院与中国政法大学合并，侯廷智老师正式开始了在中国政法大学的执教生涯；2002 年，中国政法大学组建商学院后，侯廷智老师便一直于商学院任教；2010 年，正式办理退休手续后，他依然承担着学校党校的授课任务，并担任学校教学督导员，同时还是教师志愿者服务团成员。侯廷智老师曾荣获三十年教龄证书，悠悠岁月里，不变的是他对于教育的坚守和执着。

智识广博、思想坚定、古道热肠，是很多人对侯廷智老师的印象；无论是在专业课堂上、党课学习中，还是讲座活动里，他都是带给大家指引与启发的前辈，是法大讲坛上的一棵常青树，是几代法大人心中关于法大的共同回忆。

---

[1] 现就读于中国政法大学民商经济法学院 2106 班。

▲2021 年 4 月侯廷智教授与本科生的座谈会

功崇惟志，业广惟勤，勤勉铺就从教之路

侯廷智老师高中毕业时，受社会形势影响，失去了上大学的机会，改革开放后，他十分珍惜继续上大学的机会，在导师的指导下求索进步。

不同于其他青年教师，在法大任教之前，侯廷智老师已经有过十余年的从教经历，回忆起在法大教授的第一堂课，他记忆深处更多的是激动与感慨之情。

激动之情在于改革开放后，经过努力他终于实现了成为一名大学老师的愿望，也实现了自己想更深入从事马克思主义理论研究的祈望；感慨之处在于他的经历证明了中国传统文化的典言"不惰者，众善之师也"，"功崇惟志，业广惟勤"。

勤勉是探索生活的钥匙，只有勤勉，不断拓宽自己的人生半径，才能抓住人生的每一次机会，实现自己的理想与愿望。这是侯老师长久以来对自己的要求和期待，也是他对学生真诚的建议。

▲2020 年 12 月首都经济学家论坛照

崇德博学，敬业爱生，热爱点亮三尺讲台

侯廷智老师在法大承担的课程分两类：一类是经济学专业必修课和选修课，在课堂上，他深入浅出、旁征博引，分别从理论和实际运用层面对经济学的基本问题和基本知识加以阐述说明，课后，他指导学科竞赛，为学生们的课外活动担任评委；另一类则是思政课，侯廷智老师在讲述政治理论时，立足于社会科学知识的角度，运用唯物史观联系社会发展的实践，通过理论逻辑厘清所讲课程的内容。

2005 年，侯廷智老师获评"中国政法大学优秀教师"，当年的学生曾有这样的评价："'侯老爷子'是学生对他的敬称，初见侯老爷子还是在大一时，学生们都不喜欢哲学，枯燥乏味更是哲学的标志。可是上侯老爷子的课时你不会有这种感觉，老爷子一头花白的头发，往台上一坐，标准的男中音，底气浑厚，一张嘴就能让你精神一振，结合实际的理论解析更是在潜移默化中让你明白那些晦涩的'大部头',老爷子对现实中的丑恶现象深恶痛绝,但是评判起来却丝毫不片面,总是结合理论把社会现实分析得让人信服。在侯老爷子的课上捣乱的学生,大家都不会给他好脸色看。老爷子一把年纪,精神好得很。"

以身许教,老骥伏枥,奉献续航教育人生

2010 年底,侯廷智老师办理退休手续,但由于尚有研究生需要指导,故而实际上他是在 2011 年正式退休的;退休后的侯廷智老师并没有选择休息,而是继续兼任校党校的授课任务,同年还担任起学校教学督导员一职;学校成立教师志愿者服务团后,侯廷智老师也立刻报名,并积极参加相关志愿活动。

2020 年寒假,受疫情影响,开学时间推迟,为了更好地帮助学生适应"居家学习""停课不停学"的学习方式,侯廷智老师受邀参与了"师生云聊 E 课堂"线上活动,针对加强党性修养、提高思想素质等方面进行了专场讲座,获得了广大学生的参与和好评。

疫情期间的讲座,是侯廷智老师首次采用线上直播的形式进行教学,为了确保最好的授课效果,他提前很久便将授课材料准备好,和工作人员就工作节奏、表现形式等方面进行反复交流调整,多次忙碌至凌晨。

侯廷智老师曾三次参观钱端升纪念馆,钱老先生耄耋之年请缨工作的一段话对他影响颇深:"自问以身许国绝无二心,如容我请缨再裨以某种任务,则老骥伏枥,义不容辞。不胜翘企,待命之至。"钱老先生这种为国育人、为校奉献的精神深深感动和激励着侯廷智老师,这份热爱让他退而不休、继续深耕在教育教学的第一线,用奉献续航教育人生,为党和国家的教育事业添砖加瓦。

▲2020 年 10 月侯廷智教授为本科生开展讲座

崇德善学，笃志报国，坚定传承法大精神

正如侯廷智老师所说，"厚德、明法、格物、致公"是法大的校训，是法大建校史的结晶；"法大精神"就是"校训"的精神，老一辈先生们为新中国的法制建设做出了呕心沥血的贡献，也为改革开放后中国特色社会主义法律体系的创新建设做出了重大贡献，"崇德善学，笃志报国"的精神应该成为法大人宝贵的共同精神财富，是法大人应该赓续的优良传统。

侯廷智老师对法大的七十年历史用"新生发展、历经磨难、再创辉煌"三个词进行概括。"新生发展"是指党和国家于 1952 年组建了法大的前身——北京政法学院，为党和国家培养了大量法律人才，这些人才后来都成为党和国家法律体系建设栋梁。"历经磨难"是指"文革"时期法大发展的停滞。"再创辉煌"是指改革开放后，法治建设迎来了新的历史发展时期。尤其是党的十八大以后，党和国家的法治建设开启了新时代快速发展和完善的进程，法大的发展也迎来了新时期再创辉煌的历史进程。

正所谓"法学之大，不在大楼，而在大师"，正是无数法大老师的代代讲述、事事关怀，使得法大精神有了具象化的内涵。也正如侯廷智老师所写的词，"古稀过，再风流，光阴虽逝有何愁。动情再忆教书事，激起春华心浪头"，作为一名教师，他始终坚持以校训要求立身力行，坚持崇德、博学、爱心、敬业，相信未来的他，依旧会以自己的方式传承法大精神、传播法大气质、凝练法大情怀、讲述法大故事。

后记：

智识广博、思想坚定、古道热肠，是我对侯廷智老师的最初印象；无论是在专业课堂上、党课学习中，还是讲座活动里，侯老师都是带给大家指引与启发的前辈，是法大讲坛上的一棵常青树，是几代法大人心中关于法大的共同回忆。

这一次采访，使我了解了更多关于侯老师成长奋斗的经历，备受鼓舞，也期望侯廷智老师能够继续活跃在法大的校园内，贡献智慧，燃烧热情。

党的大恩比山高比海深[*]

吴昭明

> 吴昭明，1932年9月生，福建省晋江市人。1955年毕业于北京政法学院后留校工作，历任院办公室秘书，院党委办公室秘书、副主任，校党委办公室副主任、主任，中国老教授协会常务理事、副秘书长，兼办公室主任，讲师，副研究员。

一

1951年春，我考入省立晋江第一中学。当时为战备学校临时迁往南安县梅山官园，暑假又搬回泉州。那时我被选为泉州市第二届人大代表，参加市人民代表大会，被推为主席团成员，主持大会发言。大会又选我为市第二届人大常委会成员，泉州市市长许集美为市人大代表发了聘书，1953年我高中毕业，考入北京政法学院，那年泉州地区凡被北京高校录取的新生，由市招生办统一解决从泉州到北京的所有食宿交通，新生不费心、不花钱。几部军队卡车一天一站，经福州、南平、上饶、鹰潭转乘火车，直到北京前门火车站，由学校汽车接到沙滩红楼——北京大学原校舍。住灰楼，开了学，上了课，12月底我们离开北京大学原校舍，从沙滩乘有轨电车到西直门城楼，步行一个单行道

* 原文摘引自离退休工作处编印的《我的红色记忆——中国政法大学离退休老同志庆祝建党100周年纪念文集》，第123～142页，有删减。

路，到明光村新建成的北京政法学院校园。到了新校舍后，学习和生活很快走上正轨。回想起 1953 年我们走进大学的过程，高考往返交通、食宿等全免费，高考录取后高校新生赴校报到，从集中地点出发到录取学校城市的交通、食宿全部免费，校内学杂费、食宿医疗费等全免，此外还有不少学生可领生活补助，如果不是这样，恐怕会有不少学生即使被录取了，也很难完成学业。新中国成立初期，许多部门急需补充人员，因此在这期间，高校学制的调整缩短不是个别现象。我们这届为适应政法人才的急需，学制定为两年，本届新生编为三个班，我在三班，被选为团支部书记。1954 年 6 月 28 日，我光荣入党，同年冬天，我们到天津市人民法院实习，在师父的指导下判一名盗窃厂内物资的年轻工人以徒刑。1955 年领取的毕业证很庄重，院长钱端升、副院长刘镜西签名，并加盖"中华人民共和国高等教育部"印。毕业后我留校工作，在院办公室新设置的苏联专家工作组任职。

到苏联专家工作组工作，是我正式工作的起步，从苦难中过来上了大学，毕业后又在大学工作，是我过去所不敢想的。要接触苏联专家并为他们服务，但我不懂俄语，难度大，真害怕，又有决心搞好工作，那就靠努力吧。学校请来的两位苏联专家——刑诉专家楚贡诺夫（兼院长顾问）、民法专家克依理诺娃来华为我院也是为国家培养第一批 72 名（之后略有增加）正式的法学研究生，这是一项重要任务。8 名课堂翻译和讲稿、资料的文字翻译，任务不轻。好在大家都尽心努力，我是工作组秘书，在院办主任领导下，努力为他们服务，组织安排好顾问专家和院长研讨工作的会谈，把专家建议整理印发，院各单位教研室执行；节假日组织好参观游览宴请。两位专家在校两年完成培养研究生任务，并在教学办学的方方面面起了积极作用。

专家工作组的工作结束后，安排我任院办公室秘书。1958 年，北京市在十三陵建水库。北京高校分批组织师生参加，我校组织了 1000 名师生，我带领第二中队——由政法二年级 200 名学生组成。4 月 3 日，中队长们出发到大队将要进驻地，先做安排。6 日下午送走钢铁学院劳动大军，我们的队伍乘车到昌平下车，步行九公里到达驻地南邵，要劳动十天，日夜作息对调，晚上干活白天睡觉。晚 8：40 吃饭，9：40

整队出发，11：00 开始干活，早上 7：00 下班，中间休息三次。这个水库东西北被山围着，中间是平原，南面是水库大坝，坝身 150 米～200 米宽，我们干活时坝身已有十多米高，是用沙石垫起来的。我们是用小车装沙石前拉后推由平地推往高处，一车二人推拉，还有啦啦队在旁说唱助力，大家情绪高昂。干活时容易出汗，四月夜里山间风吹，冷得顶不住，师生们均带着棉衣毯子甚至棉被上阵，以备休息时用来避寒。十三陵水库建设工程大，引起首都各界关注，大家纷纷要求参加，周总理从外地一回来便赶来视察，指示要逐步采用机械化。夜晚的工地上那一片一片的灯海，犹如银河落九州！

1964 年，根据中央关于文科高校应参加农村社会主义教育运动的通知，我校 1000 名师生分两路响应国家号召，一路由学院党委书记、副院长刘镜西、副书记郭迪带领到广西兴安县，另一路由院委徐敬之带领到四川。我是到广西的，我们于 10 月 18 日乘中央农村社会主义教育工作团专列，晚 8 时出发，22 日到桂林，在广西师范学院集训半个多月。11 月下旬按照"四清"工作队的安排，我和政教系十几个师生到兴安县大洞人民公社井上田片，我为副片长，片长是地方干部。我和张庆丰同学住在蒋汉华家阁楼上，楼板下是猪圈，同吃、同住、同劳动。白天主要是和社员一起干农活和开展工作，晚上工作队开会研究工作。这里的农活主要是水稻的插秧、除草、注水，我从小是干农活过来的，什么活儿我都能干，水稻田主要技术是插秧，我还同他们的能手进行过比赛。还有的队员要帮住户的主人砍柴火，要走十几公里的山路并挑回来。不论何时何地，也不论是动脑子还是费体力，我都全神投入、不遗余力。我捡的均为木棍，满载挑回，往往都在百斤之上。"四清"的工作劳动生活十分锻炼人，对"四清"队员有着严格的纪律要求，违者处分。我们这趟"四清"工作 1964 年 11 月 21 日入村，1965 年 7 月 10 日结束工作，7 月 15 日回到北京。

回到学院后看到了新的变化，学校成立政治部，作为院党委的政治工作机构，任命了政治部各部门负责人，从部队调来吕子明为院政治部主任，调来《政治研究》杂志主编郭编为副主任。在三号楼西端南边修建了游泳池（非标准），开辟了小果园，使学院的校容有些许改观，增添了些生机。

1970 年北京政法学院被撤销，我到冶金部北京钢铁研究院保卫处搞内勤，曾参加部保钢工作组，进驻南京钢厂半年多。1978 年，北京政法学院复办，即回到学院。

1982 年底，司法部发下调令，将我调到正在筹建中的中国政法大学参加筹建工作。1983 年 2 月 2 日到中国政法大学筹建处报到，该处在北京政法学院内联合楼南侧的一个工棚内，当时大学的领导班子已有方案，司法部党组成员、副部长陈卓任校党委书记，校长为司法部党组书记、部长刘复之，第一副校长是从山东大学调来的云光，副校长是余叔通。开始在这里办公的有十余人，当时对创建中国政法大学很重视，在不长的时间内，几个文件中都提及要加快对中国政法大学的筹建、建设，把新校建设工作列为国家重点建设工程，因此筹建工作十分紧迫。筹建启动不久，便提出大学成立，时间是 5 月 6 日，地点在怀仁堂，公安部礼堂是后来选定的。至于大会全程录像的问题，在大会准备方案中，我写了录像，有关负责人在审阅时删除，最后讨论时，我又强调，但全录像仍未被采纳，我虽保留意见，又被否定。

二

中国政法大学宣告成立后，我先后任校党委办公室副主任、主任。

1988 年 7 月 4 日上午，司法部副部长鲁坚来校宣布，中国政法大学新班子——校党委书记杨永林，校长江平，陈光中为常务副校长。此后不久，在一次领导班子会上，江平提出，学校房子被占的要退回，昌平新校 345 路公交车终点要向东延伸以解决学生交通上的问题，这两件事需抓紧，还得加强力量。他建议我在（当时任党办主任）不影响工作的前提下跑跑这两件事，与会者包括杨书记都没有异议，按照会议惯例，无异议则作通过论处。这两项工作是学校必须抓紧的，领导让我办理，我会努力去做，我的本职工作也照做不误，自己充分利用时间实地联系、打电话，包括和江平校长一起找北京市副市长反映学校实际困难并提出要求，副市长表示支持。房子问题多和市文化局及占住五号、六号楼的单位负责人沟通，与 345 路公交车和市公交及 345 路分公司不断电话联系，345 路公司也多次到新校协商，陈光中副校长参加商议，商定由四所学校平均负担 60 万元的费用。经过近半年的奔波，1989 年 5 月 5 日 345 路公交东延问题得到解决。通车当天早上，我在新校大门口亲见 345 路公交在我校门口来回行驶。在被占房子的问题上，和占用单位反复交涉，先后收回五号、六号楼的部分房子。在这段时间里，江平、陈光中二位校长同时和我谈话，他们两人工作很多，忙不过来，同时还都有课，需要有个助手，想让我做校长助理。我说这份工作应该找年轻人，脑子好使，行动敏捷，我年纪这么大不合适。江平校长说我还能干好几年，我说有临时需要我去做的我可以帮忙，事情就这么过去，中国政法大学在向前发展。

1996 年 9 月 28 日晚，校办翟主任给我来电称，10 月 4 日学校要开一个有 30 多个外宾参加的重要会议，想邀请全国人大常委会副委员长雷洁琼参加，需要我去和雷老联系。10 月 2 日下午，我同校办主任杜华光一起到雷老住处，送上材料恳切诚请，提及 10 月 4 日上午，将在法大昌平新校礼堂举行中国国际高级法律人才培训中心（北京）成立大会，雷老看了看材料表示，昌平太远不方便过去，且 3 日侨联开一天会。我说 4 日上午大会有 30 多个外宾参加，您的出席将大大提高会议的规格，扩大影响，十点开会九点出发就可以。警官小冯说，一小时可以到，到时让一辆警车开道，雷老马上拒绝了警车开道的提议。10 月 3 日上午，秘书来电告诉我雷老明天上午来学校参加大会，路不熟，请我 4 日早上 8：30 到雷老住处，领路去昌平。4 日，我按时到雷老处，雷老、秘书、小冯和我一车，当天高速路关闭不开，北京的大小车均挤在辅路上走不动，我建议搬路障进入高速，刚开进高速路，便有工作人员阻拦，小冯出示证件并说明情况，得以通行。10：10 到法大，大门口有人在等候并引路到礼堂侧门。校领导杨永林、江平、陈光中等迎上，我告诉陈光中副校长我的任务已完成，中午雷老在此用餐，请准备。

三

我自 1955 年毕业后留校，加入苏联专家工作组是工作的开始，到 1992 年底，在编的工作结束，后转向非在编的民办中国老教授协会这个社团工作到 2011 年底，79 岁离开协会，56 年来一直为国家为社会服务。看到党和国家对中国政法大学的重视，学校迅速健康发展，我十分高兴。

56 年的工作中，不论何时，在何单位，我都服从党的决定，听从领导的安排，不求官不求利，不挑肥拣瘦。在我心目中，我所从事的工作都是党的需要，工作中涉及政策法规的，按政策依法规范，令行禁止，一心为民，拒绝私利与不当之利，小到一瓶酒大到万元现金。不管在法大还是在协会，我都全身心投入，分外需要我去做的，照样认真去做。

56 年来获得的荣誉和奖励主要有：

北京市优秀党务工作者（中共北京市委）；

中国老教授事业贡献奖（中国老教授协会）；

老有所为先进个人（中国政法大学，两项）；

无私奉献好党员（中国政法大学）。

教学背后有沉思

廖熹晨[1]

> 陆昕，1983 年入职中国政法大学法律古籍研究所，2002 年进入中国政法大学人文学院工作，从事中文教学，至退休。

与许多老师一样，陆昕在三十出头的年纪登上了法大的讲台。初登讲台总难免紧张，但陆昕很快适应了教学工作，找到了自己的教学思路，听课的同学越来越多。对于自己的教学往事，陆昕老师颇有心得。

"教师就是一个演员"

对于在法大所教的第一堂课，陆昕这样回忆道，"我一开始来法大是 1983 年，那时还没有人文学院，当时是到的法律古籍研究所，第一堂课的时间我印象不太深了，第一次面对学生总是有点紧张。"由于时间久远，不能清晰忆起初登讲台的情景，但是陆昕始终用专业与博学，热爱与敬业，坚守法大的三尺讲台，带领更多的法大学子开启文学的大门。回想在法大的教学往事，陆昕有这样的思考，"上课时教师就是一个演员，你要吸引住学生的注意力，用死板的法令内容来吸引注意力，当然不可能。"陆昕就是遵从这样的教学方式，把心血倾注于每堂课，用心细细琢磨角色的精髓，用优秀的"演技"激发学生的学习兴趣，

---

〔1〕 现任职于中国政法大学人文学院。

将教师的角色扮演得淋漓尽致。

在教授法制史时，陆昕不断更新教学内容，将有趣的历史故事，融入枯燥的律令中，吸引学生的注意力。"比如说讲法制史，它要讲到先秦的各家学说，我在这个方面就下了比较大的功夫。因为思想这一块的内容，比那些单纯的律令更丰富。而且在讲思想史的时候，我在查找过资料后，会把很多人物的事迹加进去。我记得给同学们讲完之后，学生都特别喜欢，追着我问，老师你从哪里找的这些材料？我认为在课堂上讲人物的故事，讲人物的思想，比单纯讲一些律令和一些比较呆板的东西要好。"

人文学院成立后，陆昕开始教授古代文学的课程，他又有了另一番心得，在讲课的过程中要注重启发性和思想性，用自己的感情去体验授课内容，将自身的理解融入授课中去："比如说讲孔子的时候，就把自己想象成孔子，讲孟子就把自己想象成孟子，庄子也是同样。我讲李白，我就是李白，这是我写的诗，我为什么要写这首诗？我在诗里要骂谁，我希望表达什么，等等。从这个角度上去理解，我觉得就能把这个课讲好。其实这也是孟子曾经说过的，不要脱离你讲课的这个主角，把自己给划进去，这样就能讲好。"

让学生们入"坑"

在回忆授课的方式、方法时，陆昕展现出了风趣的一面，不难看出过往陆昕的课堂一定常有妙趣横生的小故事。对于授课方法，陆昕认为，一方面在讲课中要有主动性，融入自身体验，另一方面还要会用聊天的方式与学生沟通。更有趣的是，他的课堂会给学生"挖坑"，让学生们入"坑"，再由他分析总结，这样能帮助同学们有更深刻的认识。

对于如何"挖坑"，陆昕是这样谈的："比如讲一毛不拔的故事，墨子的学生禽滑厘问杨朱，先生如果拔你一根毛能拯救天下，做不做？杨朱说，一根毛救不了天下。后来又说，假如能救，你做不做？杨朱就不回答了。其中有何玄妙，如何启发学生？我首先问，一根毛能不能救天下？学生当然回答不能。我继续问，你说现在一根毛不够救天下的话，换成一只手，你给不给？学生就犹豫了，然后我又问，给一只手不够，需要你一条胳膊，你给了一条胳膊之后，可能又不够，说要两条胳膊，给不给？学生说，两条胳膊我就更不能给了。这时学生不知道我要干什么，这时就可以来启发他：杨朱的意思是，胳膊连着手，手上连着皮，皮上连着毫毛，一根毫毛，看起来并不多，对你无所谓，但是它却是你身体的一个组成部分，身体的任何一个组成部分都不能轻易抛弃。因为这一根毫毛看似无关紧要，但是抛弃了一根毫毛，就等于抛弃了身体的全部，因为你身体就是由无数的毫毛、皮肤这些东西组成的，所以这就是杨朱的理论中心——全性保真。全性保真就是说保全自己的性格，然后保持真我，其实就是讲保持人的本质、本性的意思。"

用心化解学生心中的"疙瘩"

陆昕有多年任班主任的工作经历，在担任班主任的期间，他不但非常关注同学们的学习生活，也时刻关心着同学们的心理状态，用心化解着早期人文学院学生中特有的专业"疙瘩"。

人文学院初创之时，大部分同学来自专业调剂，在学校中往往会觉得自己"技不如人"而不自信。对于这种情况，细心的陆昕看在眼里，对于如何坚定同学们的专业思想、提升自信，他有自己的一套方法："在跟他们聊天时，我也不讲大道理。让我印象很深的一件事是，当时人文学院招了第一届学生，哲学、文学都是第一届，有一次让人文学院的学生跟法学院的学生在一起开个交流会，然后由我来做一个主要的发言和演讲。等我上去说话的时候，我一看，前排都不认识，都是法学院的，最后一排全是人文学院的学生，当时我也说不上生气，就觉得怎么这么有意思啊。我就没有继续演讲，我说人文学院的同学为什么要坐到后边去，来，坐到前面。前边的同学就给让一让。还是没有人上来，后来有一个。我说，你们分数偶尔一次不是很好，并不是说你的志气就要低人一等。"

陆昕曾经语重心长地对同学们说过这样一段话："我觉得你们还太年轻，对人生的思考比较浅，你们常常爱问一个问题，就是老师我学这个有什么用？我说，如果换作我，不会问学这个有什么用，我要问老师，你能教给我什么？有用没用，那是我自己的事。我只问能教给我什么，这才是成熟和对自己充满自信的表现。你问老师这个有什么用，就充分说明你不成熟，也说明你不自信。你们现在问不出来，因为你们太小，还没有建立起一种对于自己的自信，一种对未来事业发展的追求。我再说，你们为什么见了人家法学生，就觉得自己不好，很简单，你们自己给自己诠释了。你没有考上法学，但这就能决定你的一生吗？如果一个人老说我不如人家，而不是去琢磨、去奋斗，将来肯定是一败涂地。当老师把道理讲清楚之后，学生才会尊敬老师、佩服老师，当然了老师也得真立得住。学生会佩服这个老师讲课真好、真有学问。老师一定要在学生面前阐明自己的责任，我是你的老师，我把我的知识倾囊相授。这样的才能够形成师生良好互动。"

好老师就是好演员，在讲台这个舞台上，陆昕扮演着多个角色：引导者、观察者、研究者，从紧张到从容，从一个角色到多个角色，陆昕为了他的每个观众，一直热爱并努力着。

后记：

在访谈的过程中，我深深感受到了陆昕老师对于教学的用心与热爱，也发现他为了培养学生们健康的专业心态用心良苦。虽然陆老师退休已经有一段日子了，但提起过去讲课的内容仍然是信手拈来，颇为有趣。桃李不言，下自成蹊，正是因为有太多像陆老师这样辛勤耕耘的教师，才有了今日人文学院的光彩。

书写艺术人生，绘就人文法大

姚 瑶[1]

祁志锐，1957 年 3 月生，内蒙古呼和浩特市人，中国政法大学人文学院艺术教研室副教授。研究方向为中西美术、中国戏曲及戏剧影视。2002 年 5 月入职中国政法大学人文学院，开设有"中西美术比较""中西方建筑艺术史话""《美学散步》导读""艺术修养与艺术鉴赏""外国电影百年经典赏析""中国电影百年经典赏析"等艺术类通识课程，至 2017 年退休。

自 2002 年 5 月调入中国政法大学，至 2017 年 3 月退休，祁志锐在法大从事艺术教育整整十五载。虽然"15"看上去不是一个很长的数字，但是它却伴随了法大人文学院和艺术教研室的从无到有。由此可见，祁志锐在法大的艺术教学生涯，是法大艺术教育发展史中不可或缺的一部分。

人文学院于 2002 年 6 月成立，之后设立艺术教研室。

▲祁志锐，摄于 2021 年 6 月

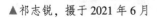

[1] 现任中国政法大学人文学院教学办公室主任。

与艺术教研室的十五载

作为艺术教研室的"元老"教师之一，祁志锐本科毕业于中央戏剧学院，毕业之后直接留校任教。2002 年初，恰逢教育部出台新政策，要求加强对非艺术院校学生的艺术教育。此时的法大艺术教育相关师资队伍还比较缺乏、亟待建设，因此学校计划招聘一批艺术专任教师。

祁志锐本是受学校当时基础部的毕可鹰老师委托，希望他推荐一些优秀的艺术专业博士毕业生来法大任教。结果，"误打误撞"，"推荐人"成为"被推荐人"。祁志锐于 2002 年 5 月调入中国政法大学，成为一名法大的"非法学"教师。他回忆道，"我记得 5 月调入法大的时候，人文学院还未成立，艺术教研室也没有。当时在法大讲授艺术课程的专任教师好像只有教书法的毕可鹰老师，教音乐的高文婷老师和张瑞丁老师，他们都在基础部任教。同年 6 月，人文学院正式成立，后来也成立了艺术教研室。我记得当时我的试讲内容是西方古典艺术，试讲通过之后很快就办理了调动手续。"

在此之前，祁志锐一直在艺术专业院校学习和工作，因此调入法大于他而言，既是一次难得的机会，也是一次全新的挑战。在他看来，"在法大这种非艺术院校开展艺术教育，主要应当从历史的角度，做一些常识性的艺术知识传播。因为绝大部分学生对艺术是一知半解的，有的甚至几乎是零了解。所以，我希望尽我所能，把艺术类通识课程讲得更精彩、更有吸引力，这有利于学生吸收和掌握。"

这十五载，祁志锐见证并参与了人文学院艺术教研室的设立、成长和发展。从初入法大的未知和忐忑，到课程受到学生的认可和肯定，再到对艺术教育的追求与坚守，时光在他的指缝间悄悄流逝了十五载。这十五载是一个个站立在三尺讲台、传道授业的白天，也是一个个悉心批改作品、熬夜备课的夜晚。

▲2015 年 10 月，祁志锐带领美学专业硕士生参观美国艺术家马赛克的雷锋画展

为学生提供艺术盛宴

对于艺术教育，祁志锐从来都不曾也不敢懈怠。十五年内，他不断探索和拓展授课内容。2002 年初来法大时，抱着试水的忐忑与不安，祁志锐和毕可鹰一起合开了"书法与美术欣赏"课程。初期，他还担心非艺术院校的学生对课程的接受度不高。但是在开课后，无论是从同学们的课堂反应，还是课后的沟通、反馈，祁志锐都深切感受到法大学子对艺术的渴望与热爱，对课程的高度参与和认可，使他倍感欣慰并充满动力。

但是，在授课过程中，祁志锐也逐渐发现，很多学生在艺术方面还是缺乏基本的认识和了解。于是，他结合个人专业特长，有针对性地逐渐拓展并开设了其他艺术门类的通识选修课程,如"中西方建筑艺术史话""摄影技术与艺术""外国电影百年经典赏析""中国电影百年经典赏析""《美学散步》导读""艺术修养与艺术鉴赏"等,涉及美术、建筑、电影、摄影等诸多方面,这也为法大学子提供了一门门艺术盛宴。他坦言,之所以做如此内容丰富的艺术普及,"一方面,与我本科就读于中央戏剧学院有关,艺术专业院校对于培养的艺术人才要求很高,要求必须有全面的知识储备。另一方面,也因为我从小学习美术,在上大学之前的作品就参加过全国展出;加之我们家是建筑世家,爷爷和父亲都是从事建筑行业,从小我就老看他们画建筑图纸,耳濡目染地对建筑一直就很感兴趣;而摄影则是我长大以后的爱好。"

在这之中,"艺术修养与艺术鉴赏"是一门涵盖艺术门类很广的通识主干课程,涉及绘画、电影、古琴、声乐等内容,旨在使学生掌握中西各门艺术的基础知识和基本概念,为今后继续了解、学习、鉴赏和实践艺术打下良好基础,并起到启迪和引导作用。谈及开课的初衷,祁志锐表示,"这门课程的初期建设源于我的一个想法:艺术是相通的。不同的艺术门类,音乐也好,建筑也好,包括戏剧、电影、摄影,它们都有着一个共同的美学语言。虽然它们的专业门类不一样,但是它们的审美标准却是一致的。所以,我将这些内容打通放入一门课程里,能够使学生从不同的艺术门类中收获一个共同的艺术特征。就比如建筑和音乐,音乐讲究的是节奏和旋律,其实建筑讲究的也是这个。只不过音乐的旋律和节奏是流动的、动态的,而建筑里的旋律和节奏是凝固的、静态的。歌德曾经说过这样一句话,'建筑是凝固的音乐。'所以当你学习建筑的时候,你就会理解音乐;学习音乐的时候,你又可以回头去理解建筑。"

而当谈到诸多艺术门类,哪个是他的最爱时,祁志锐微笑说道:"我最喜欢的当然还是绘画,那是我的老本行,实际上也是一个基础。不管是对于建筑、摄影、电影,还是舞台剧,美术的功底都发挥着重要作用。比如,你研究摄影就涉及色彩、构图和审美等,这些都需要有一定的美术基础。"

在被问及法大学子与艺术专业院校学生的最大差别时,祁志锐自豪地表示："我认为，最大的差别就是法大学子对艺术的好奇心很强，这点非常难能可贵。任何学习只要怀抱着好奇心，就都能学好。"

▲2009年，祁志锐参与指导"天空印象"学生社团演出活动

"对艺术有热爱，就会转化为对生活的热爱"

在法大从教的这些年，虽然祁志锐开设的课程均是通识选修课，但一直以来都受到学生的高度认可。"一直以来，选课人数都还挺多，同学们课后也经常找我探讨，对艺术的学习热情很高。也基于我的课程受到大家这么多的认可和欢迎，让我通过课程和很多学生建立了联系，甚至成了朋友。有些学生现在都已经三十多岁了，平时和我仍有微信往来，看到一些有趣的展览还会邀请我一同前往。"

于祁志锐而言，是这群可爱的学子使他对法大拥有一份专属的独特情感。"那会我也经常被邀请担任学校学生社团活动的专家评委，而且涉及的社团五花八门，有戏剧、摄影、书画展，甚至还有国标舞。"他笑着谈道，"我个人觉得我可能是法大担任艺术类社团评委次数最多的一个老师吧。之所以觉得比较难忘，是因为同学们能有如此高的热情在课余时间参加自己专业以外的活动，实属难得。丰富多彩的社团活动也是法大的一个特点。"

而在谈及对法大学子的期望时，祁志锐表示，"虽然法大是一所以法学学科为特色和优势的高校，但我认为，法学也许是同学们将来从事的职业选择之一，但这只是他们生活的一部分，而艺术则是大家走向社会的一种生活方式，是一种终身的生活态度。因为只要对艺术有热爱，就会转化成为对生活的热爱。不管今后遇到多大的困难，只要有一颗热爱艺术的心，就能充满希望地面对困难、解决困难。"

十五载春华秋实，十五载辛勤耕耘。在自我总结法大艺术教学生涯时，祁志锐表示，这十五载是非常充实且有收获的。不管是法学学生，还是非法学同学，他希望都能通过他的课程，了解并掌握一些艺术基本常识，在艺术方面得到熏陶、培养和提升。"这十五年的法大工作生活也让我收获良多。一方面是艺术层面的收获，通过教与学，我也在不断提高对于艺术的理解；另一方面则是对于法学知识的收获，受学校法学氛围的熏陶，在潜移默化之中我对法学也非常关注，基本等同于我对艺术的关注。"

2022年是法大建校七十周年的重要日子。2021年5月，祁志锐和李玺文一起为学校举办了"庆建党百年 迎校庆七十周年"书画展，通过书画的形式为建党百年、校庆七十周年献上祝福，而他们共同创作的作品《壮丽山河图》也已经捐赠给学校。祁志锐感慨，"我感觉我并没有离开法大，即使是退休后，只要学校需要我出力，我随时都可以支持。"

祁志锐强调，作为中国法学教育最高学府，他对法大的未来是充满希望的，也衷心地希望法大今后能够越办越好。他深切表示："法大是一所以法学学科为特色和优势的大学，作为艺术教师，我希望今后法大在法学教育的基础之上，能让艺术教育更好地配合法学教育，并获得进一步蓬勃发展。"

后记：

自祁志锐老师2017年3月退休后，今天是我第一次见他。祁老师的穿衣风格还是跟以前一样，简约而不简单，散发着浓浓的艺术家气息，自由而独特。为了配合我的采访，昨天刚从外地回京的祁老师，今天又风尘仆仆地赶来与我会面，我深深为祁老师的敬业精神而感动。

在近两个小时的访谈过程中，我深感祁老师对于法大和艺术教育的热爱。对于祁老师而言，艺术不只是一门简单的专业，而是一种终身的生活方式和生活态度。正如祁老师所说，只要对艺术有热爱，就会转化成为对生活的热爱。

丹心映日月，情深沃新花

张宇飞[1]

李凯林，北京大学哲学博士，中国政法大学人文学院教授，博士生导师。长期从事马克思主义哲学领域的教学与研究工作。曾任中国政法大学马克思主义学院院长兼书记。曾赴澳大利亚、美国访学。2016年退休。

● 看到老师是2002年进入法大，刚好当时人文学院哲学系也是初建，想请问您当时有没有什么令人难忘的经历？

参与申报哲学硕士点。我到法大来的时候，哲学系刚刚建立，印象最深的事情就是要申报更多的哲学硕士点。当时法大已有一个逻辑学硕士点，建立了哲学系之后，要招本科生，要申报马哲等更多硕士点。当时主持学院工作的刘斌副院长、文兵副院长等全力以赴，统筹大小事且冲在第一线。我有幸参与了该项工作，对人文学院领导团队的团结奋战印象很深。申报那段时间可以说是没有上下班，也没有白天黑夜，需要随时了解情况，商议进展，走访专家。学院领导们的这种献身精神，令我感动也增强了我的信心。经过艰苦努力，当年终于拿到了马哲硕士点。后来几年仍继续努力，每年都有斩获，最后拿到了哲学硕士一级学科授权点，这对人文学院和法大诸多教学研究资源的整合与提高有重大意义。

承担"马克思主义哲学原理"和"马克思主义哲学史"课程。我到

---

[1] 现任职于中国政法大学人文学院。

法大承担的重要工作是给首届哲学系本科生开设马克思主义哲学课。当时法大哲学系招收的首届本科生几乎都是从法学专业调剂而来。学生的专业心态能不能稳住，与我上的首门专业课直接相关，也对哲学系此后的招生和学风有极大影响。重任在肩，我必须尽力而为。我也有信心做好。我参编了黄楠森先生主编的《马克思主义哲学史》（高等教育出版社）教材，我对马哲原著原理和中国改革现实的关系有较深体认。"马克思主义哲学史"课程重视引导学生读《马克思主义经典著作选读》中的马恩原著，力求使经典与当代互鉴，在解读中国改革开放的伟大实践中，使抽象的理论鲜活起来。我的努力获得了学生的认可，他们说："马克思的思想折服了我们。"一些首届哲学系本科毕业生进而读研报考校内外的马哲专业，是为佐证。即使是选择深造其他专业或即时就业的同学，也普遍认可哲学专业的学习是宝贵的学术积淀。

▲法大马哲学术会，前左：胡明，前右：李凯林
文兵摄于 2003 年 12 月

● 李老师在来到法大之前，是北京市经济管理干部学院副院长，为什么会选择转身来到法大，来到一线教学岗位？

简言之，性格决定人生。人生的职业选择，就普通人而言，一半是被形势推着走，一半是跟着自己的感觉走。我早年下乡、招工进厂，是形势使然；1978 年后上大学读本硕博是个人选择；博士毕业后努力工作，承担了若干行政管理工作是服从组织安排；后来到法大任教是干部制度改革下的个人选择。

我在北京大学读博时研究的是马哲与中国改革，毕业后在社会实践中继续探索，发表了一些文章如《中国改革是对资本的否定之否定》《马克思主义哲学发展的四个 50 年》等，出版了专著《马克思劳动主体性思想研究》《中国改革的哲学解读》等。我的一个观点是：哲学的作用在于为他人作嫁衣。就是说，哲学若不能协助揭示其他专业或实际事物中的哲理，哲学就会被敬而远之，甚至陷于空洞。我在北京市经济管理干部学院副院长的岗位上干了八年，深感行政管理工作之重要，其对社会发展的作用更直接。但我也很赞成有关人才在学术和行政岗位之间的流转，美国的智库研究称之为"旋转门"。中国改革开放后开通了这方面的流动机制，特别是 2002 年 7 月 9 日中央颁布实施《党政领导干部选拔任用工作条例》，首次列出领导干部可以"自愿辞职"。我即刻按要求递交了书面辞呈并有幸获组织批准。服从组织决定是党员的义务，我在辞呈中说明了我希望在马哲教学研究工作中更好发挥作用的意愿。

▲2007 年李凯林在法大为本科生授课

●请问李老师来法大后，在教学中做了哪些努力，有没有遇到什么困难？

21 世纪前后，全国办法学专业的学校很多，法大提出要办高水平的教学研究型大学，使学生不仅掌握有关知识，还要具备一定的研究创新能力。按此要求，我在马克思主义哲学史教学上做了较大改革，主要做法是：①要求学生课后必须阅读教师指定的原著节选，两周上交一次读书笔记，占该课总成绩的 20%。②撰写研讨性小论文，第九周交初稿，教师批阅后再修改，第十一周在全班组织一次研讨交流，交流后再修改，期末时交成稿，由教师按照优劣打分，此项成绩占期末该课总成绩的 20%。③期末闭卷考试占总成绩的 60%。这种教学安排使学生必须自己读书，而且在读书中要动笔动脑，要写出数千字的小论文。全班的研讨课，先是三四人一组的小组交流，然后是择优全班交流。教师主持，点评优劣，使学生实际经历学术研究的简单过程，初步懂得专业知识的应用创新和相关学术规范等。上述研讨性教学的整个实施过程相当费时费力，因为学生的读书笔记和论文都各不相同，教师在阅改中应力求给出中肯可行的反馈意见，以利学生进一步提高和修改。最后还要对论文打分，拉开档次以褒优促差。后来学校给教授配了教学助理（由研究生兼职），但由于大多作业不是客观题，所以主要还须我亲力而为。

认真读书、用心写读书笔记和论文的学生，都很珍视教师写的针对性评语，他们会据此不断修改论文，一些同学的学年论文或毕业论文就是在本课研讨性教学基础上形成的。个别同学锲而不舍，在我结课后还多次找我讨论其论文的修改，希望能达到公开发表的程度。2010 级哲学本科生叶譔同学很赞同我在《中国改革的哲学解读》中对社会主义初级阶段历史地位的几何表达图示，着力探讨恩格斯历史合力论的表达图式，与学术界张一兵等人进行有关论文商榷，经过一年多的无数次修改，最后在《学术界》2013 年第 7 期发表了《历史进程的多因素之谜图式》一文（二人署名，我是第二作者）。叶譔同学后来考入北京大学读法硕。2002 级哲学本科生王培的《怎一个"复制"了结？——为中国流行音乐的发展辩护》一文，收入朱勇主编的《中国政法大学学生研习论文集》（中国政法大学出版社 2004 年版）。该文修改后于 2007 年

5 月以《在情感与理性之间寻找自我——当代中国流行歌曲中的主体自我意识》为题在"第二届首都高校哲学专业研究生学术论坛"大会上作为发言。该文在大会进行交流后，应《中国教育报》要求做了精简修改，后以《流行歌曲与主体自我意识》为题在《中国教育报》2007年6月5日第3版发表。

2003 年非典疫情肆虐，为防疫，学校要求给学生布置阅读书目、写论文并到室外上课。我对学生的每篇论文都提了修改意见，并说"只要你们愿意修改，我愿一直奉陪"。最后有孙雯、王培、杨柳、彭骋、郑司钗和薛萍共6位同学的论文入选《中国政法大学学生研习论文集》（中国政法大学出版社），其中每篇都在师生间往复修改了好几遍。当时学生尚无电脑打字打印条件，所有修改稿都是手写。孙雯同学修改得最认真，每次都是十分整洁地将十几页稿纸重抄一遍，手因此磨出了泡，令我感动。

期末结课前我给学生每人一张纸，要求无记名书写对本课的意见。我记得较多的意见是："读书笔记负担重，写论文压力大。"但同时又普遍认可："马克思、恩格斯的思想和人格令人折服，所学值得。"

▲2004 年人文学院表彰优秀党员

● 李老师初来法大正值哲学系开办，和哲学系本科班学生有没有什么难忘的故事？

我给首届哲学班同学上马哲专业课时，课堂气氛活跃，可谓是思想上的短兵相接。课堂提问最直率的当属曾获法大校级辩论赛最佳辩手的郝迪同学，课堂教学中的互动，一扫抽象理论带来的沉闷气氛。孙雯同学读书学习特刻苦，作业和论文均为上乘，在我心目中她也堪称"铿锵玫瑰"，其精神不输与其同名的中国女足名将孙雯。彭骋同学的论文"小议雷锋精神"，我感到意外之余，给他的建议是：把中国的雷锋与西方的"义工"志愿者做个比较，以提高视域和时代感。金钟华同学的一篇论文让我印象很深，他写的是自己玩电脑游戏如何有趣、如何上瘾，我读到一半就生气——不好好学习，还敢以此搪塞交差！但读到后面发现他笔锋一转，说他玩得尽兴之余，又很失落，因为他发现有趣的电子游戏大都是韩国公司出品，甚至有些素材还是中国的故事！"为什么中国的公司出不了好作品，占领不了这个大市场？"文章结尾时他说他以后要在这方面有所建树。这篇文章把打游戏提高到了经济和政治的高度，且有一种豪迈的爱国情怀。后来此文在全班做了交流。我和 02 级哲学班同学们在专业课、选修课和毕业答辩等诸多环节有交集，他们的好学、好思、能动，使我在教学工作中虽然累着，但也快乐着。

明年是法大建校 70 周年，当问及对法大发展进步的一些感想，李老师不忘着眼于中华民族伟大复兴的历史使命。他认为，法治作为上层建筑的一环，应当朝着对人类社会进步有意义的方向推进。法大与中国的法治建设共命运，其跌宕起伏的办学历程映照着国家从曲折前行走向伟大胜利的征程。随着中国崛起，未来的世界将对国内治理和国际合作在政法理论上有更多原创性诉求，期盼法大有更大作为，同时也为国家培养更多更优人才。

后记：

"生活就像海洋，只有意志坚强的人，才能到达彼岸。"接续着先哲马克思的思想轨迹，李凯林老师始终保持着生命的热度和纯度，在马克思哲学的教学与研究中深耕，用实践做出对理论最好的诠释。悠悠二十载，他与法大哲学系共同踏上征程，硕士点、马哲课，他为哲学系的建设孜孜求索；破难题、攻学术，他在追求真理的道路上不辍不息。现年届古稀，桃李满园，仍谦冲自牧、一丝不苟，为中国的马克思主义研究奉献力量。丹心不改，日月光华尽映赤子眼底；为师情深，教学相长浇沃时代新花。

初心如磐　溯本求源

张婧祎[1]

李显冬，中国政法大学民商经济法学院教授，博士研究生导师。中国政法大学国土资源法研究中心主任。1979 年就读北京政法学院本科，1986 年就读北京政法学院研究生。曾先后在中国政法大学、加拿大麦吉尔大学学习。

自 1979 年法大重新招收第一批本科生开始，李显冬的名字就伴随着学校一起，走过了法大风风雨雨、发展壮大的四十多年。每每提起法大，提起法大法学，李显冬的心里就会涌起无限的自豪。

初入法大，与"法"结缘

李显冬是法大 79 级本科生，之后继续在学校攻读了硕博学位并留校任教。在法大春去秋来的四十年里，最令他印象深刻的还是初入法大时，老师在 79 级本科开学典礼上说的话。当时的法大刚刚复办，李显冬正是学校复办后的第一届本科生。在那场开学典礼上，讲台上的老师提到："我们有两百多个法学领域中的重点专门人才回到北京政法学院继续进行法学领域的研究和教学工作，这是法学领域不可多得的财富，也是党和人民最宝贵的财富。"这在当时尚显青涩的少年李显冬心里，就

如同触摸到了神圣的法学殿堂大门，预示着犹如一张白纸的他即将迈入这一庄严的学术领域，在两百多个法学大师的引领下遨游于法学的海洋。

师从江平，从"头"开始

学生时代的李显冬曾和导师江平聊天，江平老师说："显冬，咱们是一起起步的。1979年我们回来备课教学、搞研究，你们入学。"李显冬说："江老师，不能这么比，您们回到学校是已经对法学领域有了专门的研究，我们1979年进入北京政法学院时对法学还是一无所知。都是从头搞起，但是这个头的起点不一样。"李显冬便是在以江平老师为代表的一代老法学家的亲自教诲下学习，不同的老师把他们所学的知识和所得的经验毫无保留地奉献出来，启迪和教诲了一批批的学生们。

在采访过程中，李显冬不止一次提到对于法大的自豪之情："今天我们北京政法学院已经发展成中国政法大学，中央对我们有三个中心的评价，我是完全拥护和赞成的。第一，我们是新中国的法学教育研究中心；第二，我们是党中央和中央人民政府的政策和法律的顾问中心；第三，我们是新中国的法学课图书资料汇集中心。我们中国政法大学在评价中成为全国法科的第一名，这让我以我的母校为自豪。"

学校今天这些瞩目的成绩非一蹴而就，而是依靠一代代法大的老师不断付出的心血浇筑而成。20世纪90年代初，李显冬跟着江平老师进行《新中国外国法律文库》的编译工作，许多深耕于这个领域的法学专家都参与了翻译编纂工作。这本书是新中国第一套系统翻译和介绍西方法学理论的作品。从新中国成立到20世纪90年代，我国引进翻译的西方法学著作只有二十几本，学术资源十分匮乏。在20世纪90年代，编译工作的赞助费用非常微薄，工资也很低。李显冬在翻译工作组中负责财务工作，他清楚记得江平老师为了能够顺利编纂这套书，把当时新中国法学翻译界的名家都组织起来共同编纂，由于当时物质条件和资助不充足，江平老师把费用分给翻译的老师们，自己分文不取。经过长时间艰苦的翻译编纂后，这本书才得以问世，这对新中国法学教育及整个法学界研究进步产生了深远影响。

李显冬在 60 岁的时候出版了《溯本求源集：国土资源法律规范系统之民法思维》，这本书是李显冬的得意之作，书的名字是由李显冬的导师江平老师起的，并且亲笔题字。这本书的出版，代表着李显冬对于法学领域研究的本心，也代表着以江平老师为代表的一代老法学家们纯粹的初心。

致知力行，继往开来

李显冬有一个朴实的心愿，他希望能将自己多年积累的图书捐赠给法大图书馆。也希望在图书馆里可以有一个法大老教授的书籍著作展示区域，这样以图书作为载体，将老教授们无形的学术和精神财富传达给一届届的学生。

几年前李显冬到苏州大学做演讲，让他自己都意想不到的是，法学学生使用的《侵权责任法》的教材就是他写的，这足以展现李显冬在法学领域学问的扎实程度。李显冬不仅在学术科研领域功力深厚，同时也是教学上的能手。据法大法学专业的毕业生回忆，李老师的课需要用"抢"的方式才能听到。李显冬提到，他的法学课不同于其他老师着重于对概念的讲述，而是着重于对案例的分析。李显冬研究过，怎样才能在课上不到 30 个小时的时间里，把教学需要 200~300 个小时才能讲完的民法内容全部教授给学生们呢？最后他想到了用讲案例的方式。"学生们都是喜欢听故事的，单纯的法条很难入心入脑，教学就是要让学生们听得懂、记得住、用得上，这样在教学上才算成功了"，李显冬如是说。在之后的课堂教学中，李显冬开始以案例为线索和导向，将自己多年的实践和学术积累以讲"法律故事"的形式，把整个民法体系在三到四天的时间里给同学们串讲一遍。这样的讲授方式很受学生欢迎，实践证明这种教学方式是成功的。在成功的背后，必然少不了李显冬扎实的学术功底和实践储备做支撑，以及不断钻研创新教学方法所做出的努力。

采访中李显冬还提到一则趣事。作为法院的仲裁员，按照开庭纪律需回避师生关系和同学关系。一次开庭中，李显东按照纪律上报了与另一位仲裁员的关系问题，结果法庭工作人员介绍说北京法庭有一条特殊规定，中国政法大学的师生和同学关系在北京仲裁委员会的仲裁中不作为回避的理由。一问才发现，在庭上有两个律师、三个仲裁员、一个秘书都是法大的毕业生。面对这场景大家开玩笑讲："如果这样都需要回避，那北京的法庭就不能开了，全都是政法的天下。"大家最后一笑了之。

法大曾任校长徐显明说过："新中国一半以上的法院院长，一半以上的检察长、公安局局长，都是我们中国政法大学的毕业生，中国政法大学为新中国培养了一个最大的法律人的共同体，这是我们法大人最值得自豪的地方。"李显冬认为，从积极的方面理解，诸如他自己这样的法大毕业生广泛地分布在政法口的相关行业内，是中国政法大学对新中国法治建设中的人才建设做出的最大贡献。

如今的李显冬老师已经从法大光荣退休。作为一个曾经在法大学习过，为法大工作过，为法大的发展努力过，伴随法大发展度过大半生的老教师，回首见证中国政法大学成为中国法学的教学和研究领头军、成为全世界最大的一个法律共同体的时候，李显冬老师仍会如他初入法大时一样，内心充满对法大的自豪和对法学的坚定。

后记：

听闻李老师曾是《今日说法》节目的常客，也是法大的授课"明星"，对法学专业不太了解的我怀着忐忑的心情联系了李老师。李显冬老师给我的第一感觉就是"热情""亲切"。在采访中，李老师毫不掩饰对法大由衷的骄傲与自豪，将自己过往四十余年的学习工作经历和经验倾囊相授。在采访中时不时地穿插着一些趣事和玩笑，整个采访过程氛围轻松。在采访最后，李老师提出要将自己一生积攒书籍资料捐赠给学校，作为一种学术财富继续传承下去。

卌载刑诉事，一生法大情

张晶晶[1]

李宝岳，1939 年生人，中国政法大学教授，兼职律师。曾任刑事诉讼法教研室副主任，中国政法大学刑事法律研究中心、司法部法律援助中心刑事法律援助部副主任（执行主任），中国政法大学法律系工会主席，中国政法大学首届教代会常务副主席。曾赴俄罗斯、英国、加拿大、爱尔兰进行访问。

重返"法大"

1960 年 9 月，李宝岳成为北京政法学院政法系四班的一名学生。在校期间作为班里的学习委员，李宝岳在学习上认真努力、刻苦钻研。大学毕业时获得了留校的机会，在学校的政策法律业务教研室任教。1972 年 5 月，北京政法学院被迫解散，李宝岳先后到安徽、天津就职。1976 年，随着党的十一届三中全会的召开，我国也迎来了法治建设的春天，北京政法学院在万众期待下也终于得以恢复、重建。正是由于在天津公安学校的出色表现，1979 年组织决定将李宝岳重新调回北京政法学院。1979 年 3 月李宝岳离开天津，回到北京，在北京政法学院刑事诉讼法教研室任教。

---

[1] 中国政法大学光明新闻传播学院本科生辅导员，学生思想政治教育负责人。

▲2021 年 6 月 11 日李宝岳接受采访

"刑诉"点滴

在刑事诉讼法教研室，李宝岳有这些回忆：

资料整理。为确保教学活动的顺利进行，首先便是要进行各项资料的整理。教研室全体同仁整理印刷了《刑事诉讼法参考资料》四辑七册，李宝岳参与编辑了其中的前两辑。这份资料不仅用于本校教学，当时还受到了全国许多其他法学院校以及公检法机关的关注，有力地推动了全国刑事诉讼法学建设和司法实践。同时，李宝岳与刘炳惠汇编的《全国政法干警学习刑事诉讼法提出的一些问题》，成为刑事诉讼法学界的研究参考。

开展教学。1981 年起，李宝岳在北京政法学院的教学生涯正式开启，负责给本科生、大专生、函授生、法律硕士生系统讲授刑事诉讼法学。教过的学生中有的已经成为教授，有的在国家证监会任职，还有高级律师合伙人。李宝岳本人也在 1988 年被评为副教授，并于 1994 年晋升为教授。

光荣入党。1980 年 12 月 26 日，李宝岳通过了刑事诉讼法教研室党支部的审核，成为一名中国共产党党员。李宝岳于 1963 年递交入党申请，终于在 17 年后圆梦。

教研并重

在校期间，李宝岳同严端、曹盛林、武延平三位老师给 79 级本科生首开"证据学"课程，并参与《证据学》的教材编写工作。1986 年，李宝岳开设了"刑事辩护制度"课程。1988 年，参与编写《律师学教程》。李宝岳注重专业教育与司法实践的结合，推动开展模拟法庭教学，并拍摄出演模拟法庭审判教学录像片，于 1998 年荣获司法部优秀教学成果一等奖。同年，李宝岳组织实施司法部"法制建设与法学理论研究"部级科研项目，以 2006 年由中国政法大学出版社出版的《律师参与辩护、代理存在问题及对策》作为结项成果。书中有 70% 的立法建议被 2007 年修订的《律师法》采纳。

▲2001 年 8 月硕士论文答辩后与学生合影，第一排中间为李宝岳

法律援助

1999 年初，李宝岳受陈光中教授邀请，到中国政法大学刑事法律研究中心刑事法律援助部主持工作，并担任援助部副主任。10 年的法律援助生涯，李宝岳主要的工作内容如下：

第一，提供法律咨询：带领硕博学生，对人民群众的相关法律咨询进行回复，为群众排忧解难。

第二，递交司法建议。

第三，直接参与办案。

第四，未成年人帮扶：曾连续两年到北京市未成年人管教所讲授法治课，也曾协助"北京青少年法律援助与研究中心"成立。

第五，编写法律援助相关教材：2001 年，李宝岳参与编写《中国法律援助制度培训教程》。

第六，组织法律援助项目调查：2004 年，分别在云南省和河北省开展调查，公开发表调研报告。

第七，与国际司法桥梁合作：2005 年，刑事法律援助部与国际司法桥梁达成了项目合作计划，李宝岳依据项目要求开展有关工作。

第八，出国访问：李宝岳作为中国政法大学刑事法律研究中心组织的出国考察访问组的成员，分别于 1999 年 10 月和 2003 年 10 月赴英国和加拿大进行访问，回国后撰写并发表研究成果。2006 年 10 月，访问爱尔兰后发表了相关文章。

第九，行政服务：李宝岳曾在中国政法大学法律系担任工会主席，组织对法律系教职工的关怀、慰问活动。1986 年，李宝岳被推选为法大首届教代会常务副主席。

▲1999 年中国政法大学刑事法律研究中心成员合影

荣誉加身

1986 年 7 月 1 日，李宝岳被评为中国政法大学优秀共产党员，奖状上写道："李宝岳同志在教书育人，服务育人中发挥了共产党人的先锋模范作用，特予以表彰。"次年，李宝岳被评为"教书育人"先进工作者、"服务育人"先进工作者。1993 年 9 月，李宝岳荣获中国政法大学年度优秀教师称号。1994 年 9 月，获得首届曾宪梓优秀教学奖一等奖。

荣誉的背后是李宝岳对教育事业的付出与坚守。"李宝岳同志在教学中能够坚持理论联系实际，教书育人。在改革大潮中严格要求自己，忠诚党的教育事业，虽身患重病，仍能完成繁重的教学科研任务，取得较好的成绩，受到学生和有关方面的好评。"这是当时中国政法大学曾宪梓教育基金会理事会对李宝岳的评价。1993—1994 年间，李宝岳主要讲授"中国刑事诉讼法""证据学"和"律师实务"三门课程。在课堂教学中，李宝岳善于运用多种教学方法，讲练结合，激发学生的兴趣，调动学生的积极性。李宝岳虽然身患糖尿病，仍然坚持带药、带针、带饭，为给学生上课，长期往返于学院路校区和昌平校区，令人十分感动。教学之余，李宝岳在科研上也取得了丰硕成果，先后在报纸杂志上发表多篇论文，阐述独到见解。

▲2013 年合影

前排左起：程味秋、严端、陈光中、林道濂、徐杰、李宝岳

后排左起：郑玉兰、陈淑英、刘根菊、周国均

"我爱法大"

当被问及法大精神与法大传统时，李宝岳用"艰苦奋斗、勇往直前"八个字来形容。2022 年就是中国政法大学建校 70 周年，李宝岳祝福学校蒸蒸日上、再创辉煌。同时也叮嘱法大教师，要真正能够讲师德、讲党性，严于律己、以身作则，为国家培养出更多更优秀的新时代高素质法治人才。最后，李宝岳强调，他的学业、工作、婚姻、生活都与法大息息相关。太多的感动、感谢与感恩，凝结成一句话——"我爱法大"。

后记：

李宝岳老师从求知求学到教书育人，将自身所有的情感与热忱、理想与追求都倾注于法大，这一中国法学教育最高学府之中。法大是李宝岳老师成就光荣业绩的沃土，法大的发展进步也同样包含李宝岳老师的辛勤付出。笔者认为，学校与教师之间本就是"生命共同体"，学校为教师提供机遇与平台，教师的累累硕果也是一所高校永葆生机与活力的重要一环。笔者作为一名从事学生思想政治教育工作的法大辅导员老师，遗憾的是没能尽数参与法大的过去，荣幸的是有机会见证法大建校70周年以及更加绚丽辉煌的未来。李宝岳老师反复倾诉的那句"我爱法大"，正是所有法大教师共同的最为真挚的情感表达。值此七十载春华秋实，祝福法大岁岁芬芳，谱写时代新篇章！